Que signifie philosopher en Haïti ?

Un autre concept du vodou

5-7, rue de l'Ecole polytechnique, 75005 Paris

http://www.harmattan.fr
diffusion.harmattan@wanadoo.fr
harmattan1@wanadoo.fr
ISBN : 978-2-343-07072-8
EAN : 9782343070728

Glodel Mezilas

Que signifie philosopher en Haïti ?

Un autre concept du vodou

L'Harmattan

À Abril Olmos Loya
et à Pedro Mezilas Olmos

"*Fruit d'un travail de réélaboration qui permet aux esclaves de recouvrer leur identité, le vodou est un lieu de mémoire des luttes contre la Traite et l'esclavage*."

Laënnec Hurbon

"*Il faut être catholique pour servir les loas"*.

Parole d'un paysan haïtien à l'anthropologue Alfred Metraux.

"Chacun appelle barbarie ce qui n'est pas de son usage".

Montaigne

"*La philosophie n'« émane » pas, n'est l'expression naturelle d'aucune culture, ni bien sûr, a fortiori, d'aucune religion. Elle est cette conversation, vive souvent, dans laquelle sont engagées des personnes qui savent ce que penser librement vaut, et veut dire, et que cela demande de se déprendre justement des significations immédiates dans lesquelles nous retiennent les cultures et les religions*."

Souleymane Bachir Diagne

Sommaire

Introduction

Cet essai se donne pour objectif de dégager l'inconscient ou l'impensé philosophique du vodou haïtien, par la création d'un concept opératoire -cosmogonie de la libération - en mettant à nu la signification de l'acte de philosopher en contexte haïtien. Ainsi, l'élaboration de ce concept vise à décoloniser la pensée et le discours critique qui, en général, part de la tradition occidentale pour saisir la réalité haïtienne. Philosopher en Haïti consiste en effet à critiquer l'eurocentrisme tout en appropriant dialectiquement la tradition occidentale, à penser de façon critique le contexte historico-culturel haïtien et à dialoguer avec d'autres horizons philosophiques et culturels.

Le discours philosophique en contexte haïtien recèle dès lors un triple moment: un moment critique et déconstructif en vue de la désaliénation /décolonisation culturelle et conceptuelle, un moment herméneutique de contextualisation de la réflexion et un moment de dialogue avec les autres traditions. Ainsi, tout en partant de la particularité haïtienne, le discours philosophique s'ouvre à l'universalité, mais une universalité vue comme un lieu de transfert, de rencontre, d'échange et de mutuelle fécondation. C'est une universalité horizontale et non verticale.

Pour cette raison, le vodou sert de vecteur et de source d'inspiration, en ce sens qu'il porte dans son essence une critique de la domination culturelle moderne et une ouverture à l'universalité dialogique, en raison de sa condition de religion subalterne apparue dans un contexte de lutte et de résistance anticoloniale et antiesclavagiste. Entre le vodou et le discours philosophique s'établit donc un rapport dialectique critique, dès lors qu'il s'agit de penser le vodou selon des catégories tirées de l'expérience historique et culturelle haïtienne. L'intentionnalité philosophique consiste alors à rendre explicite ce que le vodou porte d'implicite (cosmogonie de la libération), ce qui peut permettre de penser autrement la réalité globale actuelle, à partir de la singularité haïtienne. Mais une singularité qui plonge ses racines dans une expérience coloniale traumatique. Cette expérience historico-traumatique constitue l'arrière-fond de l'acte de philosopher en Haïti, alors que l'expérience philosophique grecque part de la relation entre *mutos* et *logos* et celle des arabes met en relation texte sacré (le Coran) et rationalité grecque, mais une rationalité repensée selon le contexte arabo-musulman.

Néanmoins, il ne s'agit pas de mettre à nu une philosophie (une vision du monde ou ethnophilosophie) dont le vodou serait porteur - au sens où Tempels (1949) parle de philosophie bantoue, d'ailleurs largement critiquée par les philosophes africains comme Hountondji (1977) -, mais plutôt de procéder à une élaboration philosophique à partir du vodou - au même titre que la tradition juive sert de référence à la philosophie de Levinas (1971), ou comme Glissant (2009) élabore sa philosophie de la relation à partir de la Caraïbe, considérée comme un lieu herméneutique. Ainsi, philosopher en Haïti, c'est soumettre à une interrogation critique le traumatisme historique et toutes ses séquelles. Dans ce cas, le vodou est l'un des produits de ce traumatisme, en même temps qu'il en est une réponse culturelle et métaphysique.

Du coup, l'essai s'inscrit dans une aventure conceptuelle inouïe, en présupposant qu'il est possible de philosopher à partir du vodou et non de montrer que le vodou est une philosophie. Il entend renouveler la compréhension de ce phénomène culturel et religieux, à partir d'un nouveau lieu de réflexion qui a ses présupposés épistémologiques. C'est pourquoi il entend construire un autre concept du vodou.

Le vodou comme l'objet d'une réflexion philosophique devient le lieu d'un discours critique radical, lequel cherche à montrer qu'il a d'autres visages, d'autres potentialités et d'autres dimensions vis-à-vis de sa perception ordinaire. Cette dernière n'ose pas dépasser les lieux communs qui entourent cette religion, en raison du colonialisme culturel que l'Occident a répandu à travers son discours du pouvoir depuis les débuts de la modernité capitaliste, laquelle a colonisé le temps, l'espace et l'imaginaire des peuples soumis à son système de domination.

Soumettre le vodou à une conceptualisation philosophique vise à aller au-delà de toute vision simpliste et réductrice de l'univers culturel haïtien pris dans l'entonnoir de l'eurocentrisme et s'efforce de mettre en question l'universalité hégémonique occidentale, laquelle se caractérise par le rejet, l'exclusion, la banalisation et l'infériorisation de l'autre. L'essai construit une nouvelle interprétation épistémologique et méthodologique du vodou, par-delà l'"occidentalisation inconsciente" qui imprègne l'imaginaire intellectuel haïtien : d'où l'élaboration d'un nouveau "discours de la méthode" en référence aux prémisses conceptuelles et théoriques d'une réflexion philosophique qui tienne compte de son énonciation spatio-temporelle.

Dans ce cas, le lieu et l'espace d'énonciation de ce discours philosophique conditionnent et infléchissent la nature et la perspective de la réflexion en question. Les catégories de temps et d'espace ne sont pas secondaires dans la constitution du discours philosophique ; elles sont tout aussi essentielles que la thématique abordée, ce qui signifie que le contexte du discours philosophique joue un rôle à la fois herméneutique et épistémologique. Philosopher sur le vodou en Haïti n'est pas la même chose que si on le faisait dans un pays occidental.

Il s'agit non pas de partir de l'Occident pour penser la réalité haïtienne en empruntant ses concepts, ses catégories, ses méthodes et ses paradigmes, mais plutôt de s'appuyer sur le contexte haïtien pour parvenir à une conceptualisation du vodou en vue d'en montrer la portée universelle. De cette manière, on sort d'un regard orientaliste sur le vodou pour élaborer un discours critique échappant à l'impérialisme conceptuel occidental.

Cette conceptualisation philosophique est inhabituelle dans le paysage académique et intellectuel haïtien, qui se limite en général aux questions littéraires et anthropologiques. Une telle aventure réflexive en fournit une autre lecture, beaucoup plus riche, contrairement aux préjugés et aux stéréotypes dont le vodou est victime depuis l'époque coloniale. Ainsi, notre entreprise conceptuelle critique s'efforce de dévoiler une nouvelle dimension inconnue du vodou, en mettant en exergue son éthique de l'altérité, de la pluralité et de la tolérance.

Le choix du vodou s'impose à nous tant par sa prégnance dans l'univers culturel haïtien que par ses capacités à poser de nouveaux problèmes liés à l'universalité, la diversité culturelle et l'altérité. Ces aspects sont en général passés inaperçus dans la pensée anthropologique et ethnographique, alors que son étude approfondie révèle qu'il possède des ressources éthiques permettant de repenser un certain nombre de questions culturelles très en vogue actuellement. C'est dire que la cosmogonie de la libération extraite conceptuellement des entrailles du vodou permet de repenser les questions de multiculturalisme, de diversité et d'identité.

Le vodou représente le phénomène culturel le plus visible en Haïti; il secrète l'haïtianité profonde. Il est présent dans l'art, la littérature, la musique, l'artisanat, etc. Il fait rarement l'objet d'une réflexion philosophique capable de dégager ses virtualités, ses potentialités et ses apports aux grands débats sur la modernité, la postmodernité, la crise de l'universalité occidentale, la question du multiculturalisme, le phénomène religieux et la question de la diversité culturelle.

L'une des premières conceptualisations a été réalisée par Jean Price Mars (2004), considérant que tout le folklore haïtien s'y résume. Dans son ouvrage devenu classique - *Ainsi Parla l'Oncle* - le Vodou est le noyau dur autour duquel gravite sa réflexion anthropologique. C'est à cause de lui que l'éminent ethnologue haïtien étudie l'Afrique, réfléchit sur la religion, met en évidence les racines africaines des croyances haïtiennes. Sa réflexion sur le vodou participe de la fondation des études afro-descendantes en Amérique, dans une perspective anthropologique.

Aux États-Unis, on trouve déjà des études sur la vie des noirs et de leurs cultures. Melville Herskovits fonde en 1927 un programme consacré aux études africaines (Chivallon, 2006:115); los noirs eux-mêmes créent au début du XXe siècle leur association pour l'étude de la vie et l'histoire du Noir. Les travaux de Du Bois (2007) sont un exemple paradigmatique. En Haïti, depuis le début du XXe siècle, Price Mars et d'autres ethnologues haïtiens étudient les traces africaines dans la culture et le folklore haïtiens. Les études de Price Mars deviennent classiques et sont des références obligatoires pour ceux qui veulent étudier la culture et l'identité haïtiennes.

Au-delà de la perspective de Price Mars, il revient de penser le Vodou du point de vue philosophique en en dégageant une dimension beaucoup plus complexe: celle de saisir son universalité par-delà son particularité. Son universalité permettra de penser un certain nombre de questions et de problématiques actuelles, dont la solution requiert une remise en question des postures métaphysiques et eurocentriques de la modernité.

La remise en question de la modernité occidentale ne part pas dès lors de l'abstrait, d'un idéalisme sec ou d'une vision désincarnée, mais plutôt d'un contexte, d'une circonstance historique et culturelle: Haïti à travers sa religion qui est le vodou. C'est dire que le contexte précède la pensée, l'infléchit ou la conditionne. L'herméneutique philosophique gadamérienne montre que la pensée est dépendante de son contexte. Selon notre perspective, il est question de saisir son mouvement dialectique et complexe pour en dégager la signification universelle et non universaliste. Le contexte est porteur d'une dimension à la fois particulière et universelle. Particulière, en ce qu'il résulte d'une expérience humaine singulière, mais aussi universelle dans la mesure où il est un fait humain, donc il est potentiellement universel; pour cela il est communicable.

L'analyse philosophique d'une expérience particulière ne signifie pas qu'il faut s'enfermer dans sa particularité, mais plutôt il consiste à dégager son universalité en vue de la mettre en relation avec d'autres particularités.

La particularité du contexte porte dans son sein un grain d'universalité, dans la mesure où il s'agit de le mettre en relation avec d'autres particularités. C'est dire que la prise en compte du contexte doit permettre d'arriver à l'universalité, mais une universalité non hégémonique, non impérialiste, c'est-à-dire, ouverte, transversale.

La logique du contexte signifie qu'il peut enrichir les autres contextes par sa particularité et sa propension à l'universalité, c'est-à-dire, à l'échange, à la compréhension mutuelle. Aussi, le plus court chemin pour arriver à l'universel est le particulier. Mais ce particulier ne doit pas se considérer comme l'universalité devant s'imposer comme une universalité hégémonique, à la manière de la tradition occidentale. La particularité occidentale se présente toujours comme une forme d'universalité qui nie les autres particularités.

Le contexte particulier occidental est dans son essence impérialiste, hégémonique et exclusif. Il ne reconnait pas la pluralité des contextes et donc des particularités. C'est toujours une particularité à prétention universelle et hégémonique. Le christianisme, comme l'un des noyaux durs de la culture occidentale, nie la pluralité des cultures et des religions au cours de son histoire. Depuis son émergence au sein de l'empire romain, il se consacrait à la chasse des autres religions considérées comme païennes et non légitimes. Sa particularité se révélait du coup universaliste et hégémonique. De même, l'islam s'érigeait en universalité, en remettant en question la légitimité du judaïsme, du christianisme et des autres formes de paganisme. Suite à sa naissance, il devenait immédiatement le rival le plus puissant du christianisme. Il ne reconnait pas non plus la légitimité et la validité des autres formes d'altérité. L'autre dans l'univers islamique est appelé *kafir*, "le non croyant", c'est-à-dire, celui qui ne croit pas en l'apostolat de Mahomet et en l'authenticité de sa révélation (Lewis, 2004: 14). L'Autre est considéré comme l'infidèle, un ennemi potentiel de l'univers islamique. Le Coran oscille entre l'autoglorification et la banalisation de l'Autre. Ce dernier est toujours vu comme *non grata*, dépourvu de légitimité religieuse. Ainsi la figure de l'Autre dans le Coran se présente sous un jour accablant.

En Occident et dans l'Islam, l'Autre est perçu à travers le prisme du Même, c'est-à-dire, par son système de référence. De là l'Autre est considéré comme semblable et inférieur. « Ce qu'on lui a refusé avant tout, c'est d'être différent : ni inférieur ni (même) supérieur, mais autre, justement ». En raison de la radicalité et du caractère hégémonique de leurs systèmes, l'islam et l'Occident ont cherché, à des différents moments de leur histoire, à imposer aux autres leurs visions culturelles et religieuses.

Au contraire, le vodou né dans le contexte colonial ne s'est jamais proposé de s'imposer aux autres formes religieuses. Il essayait de composer avec elles pour s'enrichir. Il était toujours une religion de la relation, de l'échange, de la dialectique ouverte, de l'ouverture, de l'universalité interculturelle, etc. Il repose sur une vision plurielle et complexe de l'identité et de l'altérité. C'est pourquoi l'idée de cosmogonie de la libération que cet essai défend se focalise sur un concept transversal de l'universalité, de l'identité et de la pluralité.

Par le caractère ouvert et pluriel du vodou, ce concept devrait conduire à poser des questions d'universalité, de diversité et d'identité culturelle face aux crises qui frappent les régimes d'universalité hégémonique. Il détient une réserve éthique et un potentiel d'interculturalité lui permettant de dépasser les conflits identitaires et les crises de valeur dans un contexte marqué par le flux des imaginaires et des religions, rendu possible par les dynamiques de migrations et de globalisation.

A ce titre, une analyse philosophique du Vodou - tel est l'objectif central de cet essai - permet d'éclairer les débats sur l'identité, l'altérité, la diversité et la crise de l'universalité hégémonique occidentale, dont les discussions sur la postmodernité et la modernité constituent l'un des symptômes éclairants. La crise des grands récits (Lyotard, 1998) que des auteurs occidentaux identifient comme l'un des traits de notre époque ne peut pas se retrouver dans l'imaginaire vodou, car son essence repose sur la pluralité des récits en dialogue critique les uns avec les autres, sur la polygenèse, sur l'ouverture à l'Autre et sur l'idée de transversalité, même s'il est surdéterminé par les cosmogonies africaines qui en sont le noyau dur.

Le vodou, qui résulte de la dialectique des imaginaires mis en contact forcés sur le sol colonial de Saint Domingue (Haïti), porte dans son sein un humanisme interculturel, transversal, pluriel, complexe, capable d'orienter la crise de légitimation qui frappe les sociétés actuelles traversées par le processus infernal de la globalisation et de l'uniformisation. Au-delà des concepts de postmodernité, d'hypermodernité, de seconde modernité, de modernité liquide, de modernité réflexive, de déconstruction, etc. sa pluralité interne possède des ressources éthiques pour mieux confronter la problématique liée à la refondation de l'universalité et de la diversité.

Ses racines plurielles échappent à toute forme de fondamentalisme, comme ceux qui ont surgi de la modernité hégémonique occidentale. C'est une religion de la relation, née d'une dynamique de créolisation, laquelle entraîne qu'elle est étrangère à toute logique d'enfermement identitaire ou à toute fermeture sur soi, empêchant de dialoguer avec l'Autre. Pour l'imaginaire vodou, tout était en relation au début: relation entre les imaginaires, les identités, les religions, les valeurs, etc. Cela signifie qu'à l'heure actuelle, la logique interculturelle inhérente au vodou constitue un "paradigme autre" pour repenser la crise de l'universalité, de la pluralité et de la complexité.

De cette manière, notre analyse s'efforce de parvenir à la libération conceptuelle du vodou par la construction d'un discours philosophique permettant de tirer profit de ses potentialités internes, au-delà des stéréotypes dont il a toujours été comblé, en raison de sa résistance subalterne à l'hégémonie du christianisme dans le contexte colonial haïtien.

Il s'agit d'une philosophie autre et non d'une autre philosophie, en ce qu'il ne s'agit pas d'ajouter une autre philosophie à celles déjà existantes, mais plutôt d'articuler une philosophie qui part des mémoires, des blessures, des voix tues et exclues de la modernité européenne. Une philosophie autre au sens où Mignolo (2006: 21) évoque la notion de paradigme autre: ce dernier "consiste à penser à partir de la matérialité d'autres lieux, d'autres mémoires, d'autres corps. Penser, en somme, à partir de ce qui est rejeté par la rhétorique de la modernité sous la marche effective de la logique de la décolonialité". La pensée occidentale dans tous ses avatars, même juifs avec notamment Emmanuel Levinas, ignore les voix subalternes des noirs, des indigènes et des métisses de la Caraïbe et de l'Amérique Latine. Il s'agit d'une philosophie qui tout en critiquant le sujet occidental cherche à le défendre et à le replacer dans une position de surplomb. C'est d'ailleurs, ce que Horkheimer et Adorno (1983) soulignent dans *Dialectique de la raison*: une critique de la raison pour sauver la raison.

Chez Jürgen Habermas y Karl-Otto Appel (Rueda, 2009), il y a ce désir de sauver le sujet occidental par la critique de la philosophie du sujet de la modernité et son remplacement par la philosophie de l'intersubjectivité basée sur l'agir communicationnel. De même, la phénoménologie de Husserl cherche à préserver l'Occident comme sujet en prétendant refonder la philosophie sur des bases scientifiques, remettant en question la philosophie du sujet cartésienne et le positivisme régnant de son époque.

Or, pour nous, la question est de partir de l'autre visage de la modernité - le visage colonial - dont le vodou a été la soupape de sureté face aux humiliations et à la déshumanisation coloniale.

La constitution subalterne du Vodou dans l'espace colonial révélait une forme d'insubordination et de résistance métaphysique, éthique et politique vis-à-vis de l'état colonial et la constitution d'une autre forme d'altérité où la figure de l'Autre ne se présente pas sous le signe du rejet, de l'exclusion, de l'infériorité et de la banalité.

Avec le vodou, la pluralité des imaginaires dans l'espace colonial est entrée en résonance pour former un univers deleuzien ou glissantien, fait de chocs, de rencontres, d'harmonies, etc. Il s'agit dès lors d'un univers rizhomatique qui se présente sous forme de créolisation, de créolité, de transculturation, de métissage, etc. Il est question de toute façon d'un univers plus complexe que ne le croit l'ordre colonial. C'est dire que le vodou s'affirme d'abord comme indocile à l'égard du monde de la plantation coloniale. Il fonde une "communauté des sans-parents" (pour reprendre une expression de Mbembe, 2013), unie à travers le souvenir ancestral.

Son extériorité vis-à-vis du monde colonial s'affirme dès le début comme un défi à l'ontologie de la domination inhérente à la Mêmeté européenne, dont la nature hégémonique s'affirme dans toutes les sphères de la culture, de l'économie, de la politique et du symbolique. Grâce à l'imaginaire africain, le vodou élabore son système de défense contre le fondamentalisme culturel de l'état colonial. Pour les esclaves, il était une sorte de cosmogonie de la libération (Mezilas, 2008) face à la totalité dominatrice du christianisme. Son essence relevait du refus et de la résistance subalterne.

Cette caractéristique lui permet d'être porteuse d'une autre logique ou d'une autre vision de la pluralité, de l'universalité et de l'altérité (Mezilas, 2014). A la différence de la modernité axée sur la dévalorisation de la différence et de la dissemblance, le Vodou déploie une vision de l'Autre au-delà de tout dualisme, de tout antagonisme et de toutes formes de fondamentalisme.

Contemporain de la modernité, il s'inscrit dans un autre registre temporel où la différence et la pluralité lui sont inhérentes. À l'opposé de la philosophie moderne et des religions monothéistes (judaïsme, christianisme et islam), il professe le respect, la tolérance, l'ouverture aux autres cultures, traditions et systèmes de valeur. Cela est possible en raison de sa configuration interculturelle, pluri-imaginaire.

Il résulte des apports culturels africains, européens et préhispaniques. D'où son noyau dur est traversé par une pluralité complexe, hétérogène, ouverte toujours à d'autres contributions culturelles.

C'est cette configuration interne qui fait qu'il constitue une critique systématique à la modernité et à toutes formes de vision fondamentaliste ou intégriste de la culture et de l'identité. Son essence repose sur le respect de l'Autre. D'où son éthique de l'altérité et sa posture de contre-modernité.

Cette contre-modernité prend le contre-pied de la logique culturelle qui prévalait dans l'espace colonial où toute altérité culturelle, religieuse et ethnique était sinon niée du moins non reconnue comme porteuse de dignité et de valeur.

Le Code Noir de 1685 (Sala-Molins, 2012) interdisait aux esclaves de pratiquer leurs religions, leurs cultes, sous peine d'encourir des peines infamantes voire mortelles. C'était une politique de tabula rasa vis-à-vis des esclaves, du point de vue culturel, en ce sens qu'il leur fallait renoncer à leurs pratiques païennes et polythéistes.

De ce fait, la domination coloniale n'était pas seulement physique et économique, elle était aussi culturelle, symbolique et spirituelle. Dans ce sens, l'église faisait partie de ce que l'on peut appeler avec Louis Althusser, les "appareils idéologiques de l'état" colonial. Elle avait pour mission de coloniser l'imaginaire des esclaves et de le rendre soluble et malléable au système de domination en vigueur. Elle était l'un des bras idéologiques de système colonial.

Cependant, l'entreprise infernale de colonisation, d'abêtissement et de deshumanisation de l'Autre s'arrêtait aux frontières de l'imaginaire rebelle africain, porteur d'une syntaxe cosmogonique insoumise, désobéissante à toute logique d'aliénation et de réification identitaire. Ainsi, le vodou est né comme cette forme de résistance culturelle et symbolique à l'ordre colonial, tout en assimilant des éléments culturels qui se croisaient dans l'espace de la plantation.

Comme religion, il surgit de la blessure, de la douleur et de la souffrance. Il exprime les formes de lutte et de rébellion des esclaves, lesquels ont su négocier avec les différents imaginaires qui se trouvaient en présence dans l'univers colonial pour constituer leur système religieux.

Ce système religieux porte dans son sein des virtualités capables d'aider à mieux penser les questions de l'universalité et de l'altérité. C'est dans ce sens que notre essai considère que le vodou est porteur d'une éthique de l'altérité, et celle-ci constitue une sorte de philosophie marginale, périphérique qui se déploie au-delà des philosophies occidentales divisées en philosophies continentale et analytique (D'Agostini, 2000).

Cette éthique de l'altérité tirée du vodou constitue une contre-philosophie de la culture. On dirait qu'il s'agit d'une philosophie subalterne, décoloniale, postcoloniale dont l'humanisme invite à la reconnaissance des potentialités de la diversité et de l'universalité plurielle, complexe, faite de toutes les particularités.

Cette philosophie subalterne et périphérique reconnait et valorise certains courants de la pensée critique de la caraïbe - indigénisme, négritude, créolité, antillanité, créolisation, réel merveilleux, réalisme merveilleux, etc. - et de la tradition latino-américaine - colonialité du pouvoir, de l'être et du savoir, pensée décoloniale, transmodernité, modernité baroque, etc. Par ailleurs, nous ferons aussi référence à d'autres traditions culturelles et philosophiques en confrontation avec la philosophie occidentale.

Cet essai permettra de dévoiler un autre concept du vodou haïtien, au-delà des stéréotypes et des préjugés dont il était et continue d'être victime, notamment depuis le XIXe siècle. L'imaginaire euro-occidental l'assimile à des pratiques de sorcellerie, qui enfonce davantage Haïti dans les ténèbres du primitivisme, de la barbarie et de la sauvagerie.

Cet imaginaire est incapable de saisir sa haute portée contre-hégémonique vis-à-vis de la modernité eurocentrique et colonialiste. Aussi, un concept philosophique du Vodou présuppose la déconstruction d'un imaginaire colonial qui l'enferme dans une logique de barbarie. Laënnec Hurbon (1987) montre comment l'idée du barbare en Occident s'est projeté sur le Vodou haïtien et le confine à des pratiques sauvages. Jean Price Mars (2004) montre qu'à l'opposé le Vodou est une religion à part entière avec ses rites, ses croyances et ses modalités symboliques.

Notre concept philosophique du Vodou ne s'inscrit pas dans le registre ethnologique ou anthropologique de ces deux auteurs mentionnés plus haut. Cependant, il tirera profit des apports liés aux études ethnographiques, anthropologiques du Vodou.

Notre concept philosophique du Vodou permettra de découvrir ses richesses inouïes et ses potentialités à ouvrir un nouveau chantier de réflexion sur l'universalité et la pluralité des imaginaires, des croyances et des traditions. Il rendra possible du même coup la libération de l'oppression ontologique et transcendantale de la raison moderne hégémonique. C'est un concept libérateur et analogique.

Libérateur, en ce qu'il impliquera la sortie d'un régime de vérité à sens unique. C'est donc un concept analogique, dans la mesure où il entrera en dialogue critique avec d'autres systèmes de référence, tout aussi valables.

La confrontation de ce concept philosophique du Vodou avec la modernité occidentale impliquera que le Vodou, loin d'être un simple référent religieux, contient une vision de l'altérité, de l'universalité plus apte à rendre possible la cohabitation et la coexistence des identités en interaction les unes avec les autres.

La particularité de ce concept est qu'il surgit d'un lieu d'énonciation subalterne en réaction à l'impérialisme culturel moderne occidental. D'où il permet la réhabilitation d'une tradition culturelle frappée d'illégitimité par l'orientalisme occidental et aussi il rend possible la valorisation des traditions qui ont été marginalisées par l'Occident.

Ce nouveau concept du vodou s'inscrit dans un registre décolonial, mettant en relation dialectique complexe tout un ensemble de paradigmes, de propositions théoriques et épistémiques visant à déconstruire l'universalisme hégémonique de la tradition occidentale, elle-même en crise conceptuelle, notamment avec un certain nombre de courants philosophiques: phénoménologie, herméneutique, déconstruction, postmodernité, postmarxisme, etc.

Malgré l'existence de ces tendances critiques à l'intérieur de l'Occident, il existe dans sa périphérie une pensée vivante qui remet en question son universalité.

Ce nouveau concept du Vodou ne nie pas l'existence d'un ensemble de perceptions, de préjugés et de stéréotypes qui entoure cette religion populaire haïtienne. On le sait, elle a été l'objet de diverses représentations négatives depuis son émergence dans l'espace colonial, lesquelles visaient à décourager les esclaves à en faire usage dans leur vie quotidienne.

Malgré tous les interdits, les esclaves ont su mobiliser leurs mythes, leurs croyances et leurs traditions pour déjouer l'emprise culturelle coloniale. Le vodou, comme le résultat de ce processus, constitue une nouveauté spirituelle grâce à laquelle ils sont parvenus à se libérer de la densité coloniale pour se remplir de la densité africaine.

Notre méthode d'approche n'est ni anthropologique, ni ethnographique, ni politique, mais plutôt philosophique, en ce qu'elle élabore un concept du vodou à partir d'un élément central: sa pluralité interne basée sur une variété d'imaginaires et de références religieuses en dehors de tout esprit de prosélytisme, de fondamentalisme et d'intégrisme.

Tel est donc le nœud gordien qui tisse cette réflexion. Il s'agit pour nous de partir de ce fait pour penser autrement le vodou. Ce qui nous permettrait de montrer un autre aspect, un autre visage beaucoup plus riche, plus complexe, plus dialectique du vodou.

L'essai est divisé en trois parties. La première porte sur des questions de méthode et analyse notre lieu d'énonciation, le vodou et le discours philosophique, la pluralité conceptuelle du vodou et la philosophie en contextes islamique et africain. Il s'agira pour nous de mettre en exergue la notion de lieu d'énonciation comme pierre angulaire de notre réflexion philosophique sur le vodou, en montrant que tout discours philosophique part d'un lieu d'énonciation, d'où la relation entre philosophie et géopolitique de la connaissance. Puis nous aborderons le vodou devant le discours philosophique par la mise en évidence d'une richesse inouïe qu'il possède et celle-ci incite/excite le discours philosophique. Nous analyserons la philosophie et ses relations avec le contexte historico-culturel, en partant de la tradition islamique et africaine.

La deuxième partie analyse la pensée ethnologique haïtienne chez Jean Price Mars, la relation entre la modernité, l'altérité et l'universalité, puis la cosmogonie de la libération.

Dans la troisième partie, il s'agit pour nous de mettre en dialogue critique d'autres courants de la pensée philosophique par rapport à la cosmogonie de la libération. Autrement dit, il est question de voir comment d'autres univers culturels et philosophiques abordent le problème de la modernité liée à la question de l'universalité, de la diversité et de l'altérité. Nous montrerons qu'au même titre de la cosmogonie de la libération conceptualisée à partir de l'expérience coloniale haïtienne, d'autres courants philosophiques ont critiqué profondément la modernité et son idéologie universaliste.

Cela nous permettra de faire dialoguer différents horizons philosophiques tout en reconnaissant leurs spécificités contextuelles et géopolitiques. Cependant, ce qui est original dans la cosmogonie de la libération, c'est qu'elle surgit d'un contexte colonial marqué par le rejet de l'altérité africaine et indigène. Elle ne procède pas par concepts et catégories mais plutôt par l'imaginaire. C'est à partir de l'imaginaire cosmogonique africain que la cosmogonie de la libération se constitue et remet en question radicalement la modernité, son idéologie universaliste et élabore sa vision postoccidentale. À ce titre, nous considérons la philosophie de la libération, la postmodernité dans son aspect philosophique, la philosophie interculturelle, la philosophie de Levinas et la Théorie critique de l'École de Francfort.

Chacune de ces philosophies permet de déconstruire la vision eurocentrique de l'universalité et de construire une autre perspective de l'altérité, de l'universalité et de la diversité. La philosophie de la libération de Dussel (2007, 2009, 2009a) remet en question l´hégémonie de la philosophie occidentale et opte pour une éthique de la libération en partant de l'opprimé. Son lieu archéologique et herméneutique est l'opprimé. La philosophie interculturelle en Amérique latine (Raúl Fournet-Betancourt, 2004) opte pour un dialogue entre les cultures et les philosophies.

En références au contexte latino-américain, cette philosophie permet de valoriser les cultures indigènes et afro-descendantes. D'ailleurs, Betancourt fait une critique acerbe de l'idéologie du métissage en Amérique latine, qui ne reconnait pas la singularité des cultures noires et indigènes. La philosophie postmoderne de Vattimo déconstruit le mythe des grands récits de la modernité à partir de la lecture critique des œuvres de Friedrich Nietzsche et de Martin Heidegger. Il remet en question toute idée de fondement, d'universalité. Il s'agit d'une critique eurocentrique de la modernité, mais elle aide à mieux penser la refondation de l'universalité, de l'altérité et de la diversité. Quant à Levinas, sa philosophie critique constitue un apport essentiel relatif à la réflexion sur l'altérité. En partant de la tradition juive, il déconstruit la philosophie du sujet inhérente à la modernité hégémonique, remplaçant l'ontologie par l'éthique comme philosophie première. Au regard de la Théorie critique de l'École de Francfort, nous analysons les trois moments de cette philosophie, en focalisant notre attention sur Max Horkheimer, Theodor Adorno, Jürgen Habermas et Axel Honneth.

PREMIÈRE PARTIE:
QUESTIONS DE MÉTHODE

Lieu d'énonciation

Il convient de souligner le lieu d'énonciation de notre essai, afin de rendre explicite l'intention de "désobéissance épistémique" qui l'anime vis-à-vis de l'impérialisme culturel, conceptuel, politique et symbolique de la tradition moderne occidentale. On n'écrit jamais de nulle part, même si en Occident le sujet pensant tend à occulter la particularité de son lieu d'énonciation pour ériger son discours en universalité. Le mythe de l'universalité trahit son discours de domination et d´hégémonie. Par exemple, les sujets cartésien, kantien, hégélien, marxien etc. se construisent sur l'illusion de l'universalité et de l'objectivité. D'où l'imposition de leurs visions ethnocentriques à des civilisations et cultures non occidentales. La tradition occidentale s'élabore donc sur cette logique universaliste. La construction du savoir dans cette tradition ne met pas en évidence ses traits contextuels, culturels et historiques. Au contraire, elle occulte sa particularité, laissant voir l'universalité des solutions proposées aux problèmes. C'est le cas des théories économiques, politiques, culturelles, etc.

De même, la construction de ces théories fait partie du système de domination de l'Occident sur le monde. Sa capacité de définir, de conceptualiser et de penser les formes d'organisation politiques et économiques reflète son emprise sur le monde. Edward Said (1980) montre, par exemple, que l'orientalisme - la construction de l'Orient par l'Occident - est avant tout une forme de pouvoir et de domination. Said (1980: 234) soutient : "L'orientalisme est fondamentalement une doctrine politique imposée à l'Orient, parce que celui-ci était plus faible que l'Occident, qui supprimait la différence de l'Orient en la fondant dans sa faiblesse". Aussi, l'orientalisme est un discours du pouvoir. Dans ce cas, la culture en Occident n'est pas neutre; elle fait partie des instruments de domination et d'assujettissement et des formes d'agression. L'auteur palestinien ajoute: "En tant qu'appareil culturel, l'orientalisme est tout agression, activité, jugement, volonté de savoir et connaissance".

Ainsi, en reprenant les formes littéraires, les catégories et les théories qui surgissent du contexte historico-culturel occidental, on reproduit son discours du pouvoir sans le savoir. Cela dénote une colonialité du savoir et de l'être, laquelle se traduit par une forme d'aliénation culturelle, et bloque tout développement autonome. La captation du réel passe donc par le prisme eurocentrique. D'où une vision déformée et faussée des problèmes. En imposant à ce réel des catégories importées, sa connaissance est du même coup déformée. Car tout concept - captation du réel par le biais des représentations synthétiques rendues possibles par la raison - est géopolitiquement lié à son lieu d'énonciation et aux intérêts politiques qui le meuvent.

Ainsi, écrire sur le vodou ne peut pas suivre l'impensé de la tradition occidentale: le colonialisme conceptuel. Cette religion fait émerger d'autres lieux de mémoire, d'autres contextes culturels, historiques et politiques à prendre en considération au moment d'étudier ses particularités. La situation subalterne du vodou dans le contexte colonial oblige à penser autrement ses virtualités, au-delà de l'hégémonie épistémique occidentale.

Le vodou n'a pas été reconnu comme une religion au début de sa formation dans l'espace colonial par le savoir moderne. Il était même considéré comme un ramassis de pratiques magiques, de sorcellerie. Ainsi, le discours hégémonique de la modernité l'a condamné au départ par le fait qu'il ne renvoyait pas au même cadre de référence que le christianisme.

Aussi, élaborer un concept philosophique du vodou oblige à partir d'un autre lieu d'énonciation en vue de mieux dégager sa particularité et son originalité. Cet autre espace d'énonciation est caractérisé par sa subalternité, sa mémoire blessée, sa marginalité et sa non-reconnaissance. La modernité occidentale ne reconnaissait pas ceux qui ne faisaient pas de son contexte culturel. Toutes les autres croyances ou traditions étaient frappées d'invalidité et d'illégitimité. Octavio Paz (1981:55) souligne que la politique culturelle au sein de la colonie était de table rase; les premiers voulaient sauver les indiens et non leurs idoles et leurs croyances. Il s'agissait de déraciner les indiens et les esclaves de leurs imaginaires culturels et religieux.

L'Occident a dominé le monde à partir d'un sujet hégémonique qui s'est affirmé sur le plan politique en tant que sujet politique et sur le plan du savoir en tant que sujet épistémique. C'est contre ce sujet que nous devons clarifier notre lieu d'énonciation tout en disant ce qu'est ce sujet et ses formes de manifestation.

Le sujet épistémique occidental s'est déployé au niveau des humanités et des sciences sociales. Il élabore ses concepts et ses catégories en fonction de son contexte d'énonciation. Il repose sur deux idéologies: l'universalité et l'objectivité. Il colonise le temps et l'espace. Le temps se divise en Antiquité, Moyen Age, modernité et époque contemporaine. Il s'agit d'une vision linéaire du processus historique qui part de la centralité européenne. Cette centralité se trouve exprimée et confirmée par Hegel (2011) dans sa philosophie de l'histoire, considérant l'Afrique en dehors de l'histoire; Husserl (1976) repense l'histoire moderne européenne à partir de la phénoménologie, tout en insistant sur la centralité européenne dans l'histoire universelle. Cette même vision se retrouve dans la sociologie historique de Max Weber (1991).

Weber montre que le phénomène de rationalisation est spécifique à l'Europe moderne. On le trouve dans l'économie, la politique, la culture, etc. L'eurocentrisme wébérien est d'une radicalité absolue. Cela nous oblige à ne pas le lire de façon superficielle car son interprétation de l'histoire moderne participe de l'éloge de l'Occident. À ses yeux, la modernité est un phénomène européen, et non mondial comme le croit le philosophe argentin, Enrique Dussel (2007).

La pensée occidentale saisit l'Occident en termes de modèle pour les autres civilisations. L'idée du temps est conceptualisée en fonction de l'histoire occidentale. Il en est de même de l'espace : l'Europe divise le monde en continents. Elle se considère comme le plus vieux monde, alors que les grandes civilisations comme l'Afrique, la Chine, l'Inde ne se considèrent pas ainsi.

Cette double colonisation du temps et de l'espace implique aussi une vision du savoir et de la culture. Cette vision repose sur l'idéologie universaliste et objectiviste. Contre cette vision du savoir désincarné, neutre, universel et objectif, nous partons d'un contexte historico-culturel caractérisé par le traumatisme colonial, la blessure et la domination. Aussi, notre analyse de vodou tient compte de la pesanteur de l'histoire dans la détermination de son éthique de l'altérité et de sa vocation d'universalité ouverte et plurielle.

Cette éthique de l'altérité et de l'universalité part donc des opprimés, des marginaux, des exclus du système de domination. Elle est même une expression et une réaction à l'oppression.

De là, élaborer une réflexion critique sur le vodou, porteur d'une éthique postoccidentale, suppose de partir de la mémoire blessée, du traumatisme qui lui donnait naissance. Cela signifie qu'il faut construire une épistémologie subalterne prenant en compte les histoires niées, infériorisées et subalternisées.

Cette méthode d'analyse nous permettra de saisir la logique qui se développe au cœur de cette religion, devenue pour nous un cadre critique pour repenser les débats sur l'altérité, l'universalité et la différence culturelle. L'histoire coloniale demeure donc notre référence centrale.

L'idée de cosmogonie de la libération qui est au centre de notre interprétation du vodou secrète en elle-même un ensemble de virtualités conceptuelles capables d'éclairer le lieu d'énonciation de notre analyse. D'abord, c'est l'idée de subalterne, en ce sens qu'il s'agit de saisir le phénomène vodou en référence à sa position de marginal vis-à-vis de l'ordre existant. La question subalterne renvoie à une manière de comprendre la réalité à partir d'en bas. La réflexion met ainsi en exergue une épistémologie périphérique, laquelle consiste à partir de la mémoire comme force subalterne de résistance.

Ainsi, les problématiques théoriques des études postcoloniales, subalternes et décoloniales se trouvent au centre de cette analyse dans la mesure où ces dernières visent à déconstruire la modernité hégémonique, qui ne reconnait pas l'altérité culturelle, linguistique et ethnique des autres civilisations et sociétés. C'est dire que la cosmogonie de la libération anticipait ces problématiques épistémologiques dont l'émergence remonte autour des années 1970 et 1980. Dans ce sens, notre lieu d'énonciation part de la mémoire des opprimés, des victimes de la modernité occidentale. Il repose sur une épistémologie postoccidentale, en ce qu'il s'agit de prendre en compte d'autres contextes culturels non reconnus par la modernité. Dans ce sens, notre contexte est celui d'Haïti dont la trajectoire historique est marquée par le colonialisme et l'exploitation capitaliste.

La cosmogonie de la libération qui s'est développée en Haïti dans l'espace colonial anticipe aussi les approches d'un certain nombre d'auteurs qui partent de la position des dominés comme Frantz Fanon, Eduardo Galeano, James Scott, Gustavo Gutierrez, Enrique Dussel, Walter Mignolo.

Chez Fanon (1971), on trouve une critique du colonialisme sur la base de l'idée de race. Pour lui, les relations coloniales ont été d'abord marquées par la logique de la race, laquelle structure et infléchit la hiérarchie sociale et la distinction de classes et de groupes dans la société. Quant à Eduardo Galeano, il étudie l'histoire dans une perspective subalterne, en partant des indigènes, des noirs et des métisses. Par rapport à l'Occident, il met à nu les veines ouvertes de l'Amérique latine. Il s'agit de partir d'en bas, en tenant compte des dominés et des exclus du système de domination.

De même, la théorie de la dépendance (Mezilas, 2013) en Amérique latine interprète la réalité économique de la région en fonction du rapport de domination qu'elle entretient avec l'Europe au cours du système colonial. C'est dire que la captation du sous-développement se fait à partir du rapport colonial, impérialiste de la région avec le monde occidental. Il s'agit d'une perspective qui part des dominés et des exploités du système colonial et capitaliste.

La théologie de la libération avec Gustavo Gutierrez (1987) part aussi d'en bas, en proposant une autre lecture de la théologie, tenant compte des pauvres, des marginaux et des exclus en Amérique latine. La philosophie de la libération d'Enrique Dussel (2007) déconstruit la philosophie hégémonique occidentale, en partant de son extériorité : l'Amérique latine et le Tiers-Monde. Chez Walter Mignolo (2003), l'épistémologie se construit à partir de son lieu d'énonciation, rejetant la vision hégémonique de l'épistémologie moderne. La blessure coloniale est l'un des cadres de référence de sa pensée décoloniale.

Ainsi, notre lieu d'énonciation est avant tout périphérique, décolonial, subalterne, postcolonial et postoccidental. Il part de l'expérience coloniale traumatique pour proposer une relecture de la modernité occidentale à la lumière de la cosmogonie de la libération conceptualisée à partir du vodou haïtien.

Cette expérience coloniale traumatique est oubliée par la sociologie de la modernité, dont la logique consiste à penser les transformations et les mutations à l'œuvre dans la modernité européenne. La sociologie de la modernité est l'autoconscience conceptuelle et théorique de la modernité; elle analyse sa genèse, ses processus et ses impacts sur l'Occident. Elle se révèle incapable de saisir le rapport entre modernité et colonialité; ou du moins, elle refuse de le penser sous peine de culpabiliser l'Occident et son entreprise de colonisation et d'hégémonie. On trouve une critique de la modernité dans la sociologie de Karl Marx, mais ce dernier reste prisonnier des catégories eurocentriques. Son lieu d'énonciation est l'Occident et non la blessure coloniale. Il tient compte de la souffrance, de l'aliénation et de l'exploitation de l'ouvrier du système capitaliste. Bien avant l'ouvrier il y avait l'esclave, celui que le Code Noir de 1685 considérait comme nul ontologiquement, juridiquement et sociologiquement.

L'esclave du système colonial n'était pas présent dans la critique du marxisme au XIXe siècle. Marx voulait en finir avec le système capitaliste à partir du référent prolétarien. Son concept de mode de production asiatique rend bien compte de son ethnocentrisme théorique, en renvoyant ce dernier aux autres formes de sociétés non occidentales.

De même, la critique nietzschéenne de la morale, de l'histoire, de la culture ne prenait pas en considération l'altérité coloniale, l'Autre de l'Occident. Pour ce philosophe allemand, le colonialisme, le racisme, la discrimination raciale dont étaient victimes les noirs et les indigènes de son temps ne comptaient pas. Il critiquait le christianisme mais ne voyait pas l'oppression symbolique des noirs et des indigènes à l'époque coloniale. Sa référence était la culture grecque et non les cultures subalternes de l'époque coloniale. Ces cultures étaient frappées d'exclusion et d'invisibilité.

On retrouve ce même eurocentrisme chez le philosophe Edmund Husserl, qui est l'une des expressions extrêmes de la vision eurocentrique de la modernité, à travers sa phénoménologie. Dans son texte classique (1976), il montre que la philosophie est spécifique à l'Europe, qu'elle est née en Grèce et reflète l'esprit européen. Il montre que les autres peuples ne doivent qu'imiter l'Europe, pour sa singularité et sa supériorité.

Les auteurs de l'École de Frankfort (1983) renouvellent le marxisme, critiquent le régime hitlérien, la culture de masse, la raison instrumentale, mais ne font aucun cas du colonialisme. Leurs références juives les empêchent d'aller au-delà de leur vision eurocentrique de la modernité. Les différents moments de l'École de Frankfort - avec Jürgen Habermas et Axel Honneth - oublient ou occultent la question coloniale, la blessure de l'esclavage. Ils pensent à partir de leur lieu d'énonciation sans dénoncer les ravages du colonialisme et du racisme moderne.

Il en est de même de la critique de la métaphysique traditionnelle faite par Martin Heidegger (1986). Mais le problème colonial et racial demeure totalement étranger à ses écrits. Vattimo découvre chez lui et Nietzche la problématique de la postmodernité, mais celle-ci demeure essentiellement eurocentrique et ne dépasse pas les frontières culturelles occidentales.

Chez les auteurs de la postmodernité, se trouve une critique virulente de la modernité. Mais cette critique cherche à sauver l'Occident comme sujet. Tout en dénonçant l'ambivalence de la modernité, Zygman Bauman (2006) essaie de défendre la raison occidentale, qui est historiquement une raison arrogante et hégémonique vis-à-vis de l'autre. Sa critique est intra-européenne et sert ses intérêts politiques et culturels. De même, la critique d'Hannah Arendt (1989) de la modernité est eurocentrique, car la colonialité en est absente. La face cachée de la modernité est la colonialité, la hiérarchisation raciale des relations sociales dans le contexte colonial, thème non présent dans ses considérations philosophiques. Elle se réfère à la situation juive et non à celle des peuples opprimés par l'Occident. Tout cela signifie qu'il faut lire avec soin et vigilance la pensée philosophique occidentale moderne.

Tout ce qui précède signifie que la critique épistémologique de la modernité en Occident s'inscrit dans la logique culturelle occidentale et ne vise pas à déconstruire la modernité au profit du dialogue entre les cultures qui avaient été soumises, subjuguées et dominées par elle.

Aussi, notre lieu d'énonciation entend ouvrir un nouvel horizon épistémique et conceptuel pour penser autrement la modernité et ainsi dégager une nouvelle universalité plus universelle, plus complexe et plus démocratique en montrant la richesse d'une tradition culturelle particulière. Ce lieu d´énonciation conduit à l'élaboration d'un discours philosophique sur le Vodou, d'où surgit un nouveau concept de vodou, plus riche, plus complexe, plus réel quoique abstrait et plus ouvert. Ce nouveau concept suppose une critique de la raison moderne et sa libération au moyen de sa reconstruction en faveur d'une vision dialogique de l'universalité et de la pluralité.

Ce nouveau concept philosophique du vodou s'inscrit dans la refondation des humanités et des sciences sociales vis-à-vis de l'eurocentrisme. C'est un renversement du regard eurocentrique au profit d'une critique surgissant d'un lieu d'énonciation non occidental, sans rejeter les apports de la tradition occidentale.

Il convient de préciser que le recours à la tradition occidentale signifie que l'on est conscient des apports de l'Occident au niveau de la recherche philosophique et scientifique. Cependant, les concepts, les catégories ne sont pas innocentes. Ce sont aussi des lieux de pouvoir, de domination, d'hégémonie culturelle.

Il faudra donc une critique de la raison occidentale, en faisant usage de ses catégories et de ses concepts, tout en sachant que la construction conceptuelle est liée à des préoccupations culturelles et politiques. Par exemple, les théories politiques, économiques et anthropologiques en Occident sont liées au mouvement de son histoire politique, économique et culturelle.

Vodou et pluralité conceptuelle

S'il s'agit pour nous de construire un concept philosophique du vodou - à partir de la cosmogonie de la libération -, il n'en demeure pas moins vrai qu'il en existe une pluralité de concepts, qui partent de prémisses, de conceptions, de jugements, de représentations diverses. L'idée de pluralité conceptuelle permet aussi de savoir que la philosophie n'a pas le "monopole de la conceptualité légitime", selon l'expression de Jocelyn Benoist (2010:28), critiquant Gilles Deleuze sans le dire explicitement. Pour lui, le concept peut se trouver partout et non pas exclusivement dans la philosophie. À ses yeux, l'idée d'un caractère intrinsèquement philosophique des concepts parait sans signification.

Benoist (2010: 22) écrit : "Autant que la philosophie ne peut s'arroger sans absurdité le monopole du conceptuel, et même, plus précisément, que de larges pans du conceptuel lui échappent, autant, il est pourtant vrai que, d'une certaine façon, selon une certaine conception de la philosophie, à laquelle après d'autres je souscris, c'est bien le conceptuel comme tel qui constitue le domaine d'investigation de celle-ci."

La pluralité des concepts sur le vodou n'implique pas que tous ces concepts aient le même statut, qu'ils se valent tous, qu'ils ont la même légitimité épistémique. Cette pluralité des concepts liée au phénomène du vodou est avant le signe de la complexité de sa nature liée à son histoire culturelle et politique. En outre, cette pluralité conceptuelle est aussi traversée par ce que Paul Ricœur (2013) appellerait le "conflit des interprétations". Ce dernier est dû au fait que les perspectives sur le vodou ne sont pas mus par les mêmes motivations idéologiques, voire épistémiques. D'où la nécessité d'une libération conceptuelle.

Cette libération conceptuelle doit présupposer la connaissance de cette pluralité conceptuelle problématique, en vue de mieux dégager sa nature de contre-modernité et d'éthique de l'altérité qu'il porte dans son essence interne. Aussi, un concept philosophique du vodou ne rejette pas les autres concepts du vodou. Au contraire, il participe de l'enrichissement du vodou, considéré comme une résistance culturelle à l'oppression coloniale.

La pluralité conceptuelle du vodou renvoie, par ailleurs, aux diverses représentations du vodou et des relations de domination et d'intérêts. Au cours de l'époque coloniale - moment de la naissance du vodou -, le concept que l'ordre colonial existant se faisait du vodou était lié à - ce que Michel Foucault appellerait- son régime de vérité. Ou plutôt, à son discours de domination.

Dans ce régime de vérité, les pratiques du vodou n'étaient pas considérées comme relevant d'une religion, ayant ses rites, ses croyances, sa vision du monde et leur lecture de la réalité quotidienne. Plus tard, on verra que Jean Price Mars montre que le vodou est une religion à part entière, au même titre que les autres. Mais à l'époque coloniale, cette représentation conceptuelle du vodou n'était pas encore à l'ordre du jour. Voire jusqu'à aujourd'hui on peine à le considérer comme une religion.

Ainsi, le concept du vodou à l'époque coloniale était traversé par l'imaginaire colonial dont les ingrédients provenaient du christianisme, religion en crise en Europe (par la réforme protestante) contestée dans sa volonté hégémonique par l'islam.

Le continent américain se présentait comme l'espace de l'unité de la foi chrétienne. Différentes mesures ont été prises pour empêcher la contamination de ce continent par les cultes réformés et par le judaïsme. Rien qu'à évoquer le Code Noir de 1685 pour voir comment l'une de ses premières prescriptions était l'interdiction du judaïsme et l'expulsion des juifs.

L'article premier de ce Code stipule : "Voulons et entendons que l'édit du feu Roi de glorieuse mémoire, notre très honoré seigneur et père, du 23 avril 1615, soit exécuté dans nos îles. Ce faisant, enjoignons à tous nos officiers de chasser hors de nos îles tous les juifs qui y ont établi leur résidence, auxquels, comme aux ennemis déclarés du nom chrétien, nous commandons d'en sortir dans trois mois, à compter du jour de la publication des présentes, à peine de confiscation de corps et de biens". Plus loin, l'article 5 se lit : "Défendons à nos sujets de la religion prétendue réformée aucun trouble ni n'empêchent à nos autres sujets, même à leurs esclaves, dans le libre exercice de la religion catholique, apostolique et romaine, à peine de punition exemplaire".

Il y a eu donc reconnaissance et défense de la religion chrétienne; quant au vodou, il était voué aux gémonies et considéré comme relevant de la sorcellerie, de la magie et de pratiques superstitieuses. Bref, il s'agissait du paganisme et de l'animisme interdits par le christianisme. La doctrine chrétienne ne le reconnaissait pas comme une religion afin d'invalider ses croyances et ses rites.

Selon Laënnec Hurbon, il s'agissait d'une stratégie de conversion, parce qu'en considérant les pratiques culturelles non chrétiennes comme sorcellerie et magie, on mettait en question leur légitimité. On les voyait comme l'imitation diabolique. La théorie de l'idolâtrie permettait d'en mieux rendre compte.

Dans la colonie de Saint Domingue, les missionnaires assimilaient le vodou aux pratiques magiques. Les remarques du père Du Terre (1667) souligne que les esclaves une fois arrivés dans la colonie sont déjà chrétiens. Ils sont donc malléables au christianisme. Le père Labat (1724) souligne que les esclaves sont livrés au diable dans leurs pratiques sorcières. Tout ce qui relevait du vodou était donc assimilé à des croyances et des rites magiques.

Mais la logique de cette perception du vodou renvoie au registre idéologique et culturel qui structure sa compréhension. Il s'agit d'un dualisme culturel: d'un côté, il y a les Européens et de l'autre, se trouve le reste du monde. L'humanité européenne est considérée comme supérieure aux autres. Sur le plan religieux, le christianisme s'est érigé comme la seule religion capable de dire la vérité du monde. Les autres religions étaient frappées d'illégitimité et d'exclusion.

On retrouve aussi cette structure ambivalente et dichotomique dans la pensée philosophique qui sera développée dans une autre section. Pour l'instant, disons que le concept de vodou qui circulait dans l'étant colonial l'assimilait à la sorcellerie, à la magie et au paganisme qu'il convenait d'éradiquer le plus vite possible.

Ce rejet de l'altérité vodou par l'imaginaire colonial allait se renforcer après l'indépendance haïtienne en 1804. Même pendant les premières années de la vie nationale, les représentations du vodou comme sorcellerie et magie ne disparaissaient pas de la culture des élites haïtiennes. Il n'était pas considéré comme une religion. Certes il était toléré voire il a vécu en harmonie avec le catholicisme comme le souligne Hurbon, mais il était déprécié et marginalisé.

Une fois que le pays a établi des relations avec le Saint-Siège en 1860, le vodou allait être victime de persécutions, de campagnes antisuperstitieuses. L'Eglise catholique va se donner pour tâche d'éradiquer le vodou et, en complicité avec les élites, elle va organiser un ensemble de persécutions visant à détruire cette religion.

Cela montre que l'imaginaire colonial se transforme en colonialisme interne, avec le support de l'église. Cette dénégation du vodou se renforce davantage avec la révolution haïtienne considérée comme le déferlement des pratiques sorcières et magiques d'origine africaine. Aussi, le concept de vodou qui circule dans l'espace public est lui-même alimenté par les schèmes mentaux coloniaux.

Dans le contexte du XIXe siècle, les relations entre les sociétés s'expliquaient à partir de la race et de la culture. L'Europe représentait le modèle de culture et de civilisation; elle se donnait pour mission de civiliser le monde, en répandant le christianisme. Elle mettait l'empire ottoman en crise, suite à sa révolution industrielle qui lui donnait une supériorité technique sur les autres continents. Le monde arabo-musulman va confronter pour la première fois une crise d'identité où il est appelé à justifier ses pratiques culturelles, politiques et sociales devant le tribunal de la raison occidentale.

En Haïti, malgré la formation avancée d'une élite intellectuelle, le regard sur le vodou était dicté par le colonialisme, l'eurocentrisme et la civilisation occidentale.

Au début du XXe siècle, surgit petit à petit un concept positif mais timide du vodou au sein de la littérature haïtienne. C'est ainsi qu'a été publié le premier roman portant sur le vodou: Mimola d'Antoine Innocent.

La défense et l'illustration du vodou seront surtout réalisées par le Dr. Jean Price Mars, à travers son ouvrage classique, *Ainsi parla l'Oncle*, publié en 1927. Ce livre tombait comme un coup d'éclair dans le ciel serein. Il ouvrait une nouvelle voie pour les études anthropologiques et ethnographiques en Haïti. Certes, avant lui, on trouve les travaux d'Antenor Firmin, avec son ouvrage bien, *De l'égalité des races humaines*, publié en 1885.

Dans ce livre, il s'agissait pour Firmin de mettre à plat les thèses sur l'inégalité des races humaines. Il avait en vue les travaux d'Arthur de Gobineau très prisés à l'époque, surtout en Allemagne où se tenait la Conférence de Berlin pour le partage de l'Afrique en 1884. Les intellectuels haïtiens de l'époque visaient à prendre le contre-pied des idées racistes contre Haïti et la race noire.

Dans le cas de Price Mars, il s'agissait de défendre le vodou, de montrer qu'il est une religion, et non un ramassis de pratiques magiques ou autres. Sa critique était frontale ; elle visait à déconstruire un ensemble de paradigmes sur Haïti, sa culture et ses traditions. Il cherchait aussi à établir des lignes de continuité entre Haïti et l'Afrique par l'étude de son folklore (Mezilas, 2011).

La pensée de Price Mars a inauguré un autre concept du vodou dans l'espace institutionnel et académique haïtien. Elle allait influencer grandement les orientations du mouvement indigéniste né en 1928 autour de la *Revue Indigène*. Vers les années 1930, est née l'Ecole des Griots, qui va étudier scientifiquement la société haïtienne et institutionnaliser l'étude du folklore national. De là vont naître des études, des recherches sur le Vodou. Des chercheurs étrangers et haïtiens vont constamment se référer aux travaux de Price Mars pour produire des recherches sur le vodou haïtien.

Un autre concept du vodou est celui que l'on retrouve dans l'espace littéraire et pictural. Il a été aussi influencé par le tournant pricemarsien. Ce que l'on appelle les romans paysans dans la littérature haïtienne, va surgir du mouvement indigéniste où les mœurs et les pratiques du paysan seront mises à nu, montrant son attachement au vodou et à sa culture populaire.

Les romans de Jacques Roumain, de Jacques Stephen Alexis, de tant d'écrivains haïtiens vont faire connaître la littérature haïtienne au-delà de ses frontières. Ainsi, l'imaginaire religieux haïtien constitue l'une des sources d'inspiration des romanciers haïtiens. Même des auteurs étrangers ont tiré profit de cette ressource symbolique et imaginaire. Grande partie des œuvres d'Alejo Carpentier (1980) portaient sur l'histoire et la culture haïtienne.

Par ailleurs, la peinture haïtienne dont la grande émergence institutionnelle apparait autour des années 1940 a mis en exergue les potentialités, les richesses du vodou. La création du Centre d'Art haïtien en 1944 coïncidait avec l'explosion picturale haïtienne, qui s'inscrit dans une certaine mesure avec le mouvement indigène.

La peinture donne à voir la puissance, la vitalité, l'énergie symbolique du vodou. Le credo de la peinture naïve repose sur deux objectifs selon Carl Avierl Celieus: ouvrir la peinture haïtienne à la modernité et haïtianiser les sources d'inspiration.

Enfin, un autre concept du vodou qu'il est possible de tirer de l'imaginaire populaire haïtien est lié à ses relations avec des pratiques sataniques et diaboliques. Ce dernier est surtout le produit de l'imaginaire colonial qui ne cesse de travailler l'inconscient collectif des haïtiens. Cet imaginaire est véhiculé par un ensemble de canaux de communication comme le protestantisme. En Haïti, une bonne partie de la légitimité du discours protestant vient du rejet, de l'exclusion, de la diabolisation du vodou. C'est surtout ce qui fait la popularité des églises protestantes qui, sous l'influence des mouvements religieux américains, diffusent l'idée d'un vodou lié aux pratiques magiques.

C'est ce qui explique en grande que suite à l'effondrement du régime duvaliériste en 1986, le vodou était victime d'attaques et de menaces.

De tout ce qui précède, nous avons révélé la complexité conceptuelle du vodou, dont les représentations ne sont pas mues par les mêmes intérêts. Ce qui est clair, c'est que le vodou est un lieu où se produit le "conflit des interprétations", pour utiliser cette expression de Paul Ricœur. Ce conflit des interprétations se reflète dans cette pluralité conceptuelle.

Ce faisant, notre concept du vodou veut dégager un aspect jusque-là inconnu voire méconnu de ce phénomène religieux dont l'histoire est parsemée de tensions et de représentations multiples. C'est un concept libérateur, qui dégage sa positivité potentielle niée par l'imaginaire colonial eurocentrique et le colonialisme interne en Haïti, pendant plusieurs siècles. Ce concept ouvrira de nouveaux horizons pour questionner, par ailleurs, les modes d'appartenance politique et culturelle du contexte mondial actuel.

Vodou et discours philosophique

Il n'est pas moins nécessaire d'expliciter l'intentionnalité philosophique de cet essai en déconstruisant le mythe de la centralité du discours philosophique occidental, mythe que l'enseignement mécanique et répétitif de la philosophie en Haïti contribue à corroborer et à perpétuer en renonçant à saisir le mouvement dialectique du réel haïtien par le recours à une conceptualisation philosophique originale, tout en reconnaissant l'importance et la pertinence des apports philosophiques de l'Occident. Autrement dit, il ne s'agit pas de rejeter l'Occident d'un revers de la main, mais de reconnaitre que sa philosophie est fille de son histoire et de sa culture, que l'Occident pense l'universalité des problèmes à partir de la particularité de sa culture et de son histoire. Cela signifie que l'enseignement de la philosophie en Haïti doit prendre congé de l'eurocentrisme, c'est-à-dire, de l'idéologie selon laquelle l'Occident est la source du savoir et de la culture.

L'enseignement de la philosophie en Haïti passe sous silence les richesses, les potentialités heuristiques du réel haïtien et de sa tradition à stimuler le discours philosophique comme un lieu de dramatisation conceptuelle de ce réel problématique et complexe. Cet enseignement en classe terminale commence avec la Grèce antique et l'Europe, mais oublie s'il est possible de philosopher aussi en partant de ce réel même.

Au lieu de penser ce réel, l'on se contente de lui plaquer des concepts et des catégories toutes faites en se convaincant que le discours philosophique est d'essence occidentale - comme il est couramment admis en Occident (Derrida, 1967: 120), et qu'il faut chercher toujours à importer des modèles occidentaux pour saisir ce réel.

Cet enseignement consacre l'eurocentrisme épistémologique, caractéristique de la pensée occidentale, en ce que tout part de la tradition occidentale, négligeant du coup de penser le mouvement complexe et dialectique de l'historicité haïtienne. Cet enseignement renforce ce que l'on peut appeler le colonialisme théorique et conceptuel et s'engage sans le savoir - comme Monsieur Jourdain de Molière- dans une sorte d'internationale épistémique, où ce qui vaut doit provenir des académies occidentales. Il s'agit d'un enseignement pauvre et appauvri qui a besoin d'être renouvelé pour sortir des ornières de la tradition du mimétisme académique et s'engager dans une sorte de "marronnage" conceptuel et culturel. Par ce marronnage, il s'agit de fuir l'univers conceptuel occidental fermé sur lui-même et d'essayer de penser par soi-même, à la manière de la pensée des Lumières, telle que Kant la définit. Pour ce dernier, l'homme des Lumières sort de sa minorité pour se construire lui-même son propre discours, sa propre construction du réel.

Ce mouvement d'indépendance intellectuelle est inauguré par René Descartes dans son célèbre *Discours de la méthode* où le philosophe français remet en question la tradition, l'enseignement reçu, toutes les formes de cultures héritées. Descartes inaugure une nouvelle forme de captation du réel, non soumise aux préjugés de la tradition. À l'inverse de la pensée cartésienne, l'enseignement de la philosophie en Haïti renonce à l'autonomie intellectuelle et se perd dans les lieux communs.

Cet enseignement devrait cesser de se mettre à l'école occidentale et initier le geste inaugural cartésien, par la remise en question de l'autorité occidentale afin de prendre la mesure de la singularité contextuelle haïtienne. Autrement dit, ce qu'il convient d'imiter c'est l'esprit d'originalité occidentale, sa capacité à penser son contexte et à renouveler sa tradition philosophique par la critique et l'autocritique.

Une telle remise en cause de l'hégémonie occidentale permet aux intellectuels de mieux penser la réalité haïtienne car aucune société ne s'est développée en imitant servilement d'autres sociétés. Il y a toujours un mouvement qui part de l'identité culturelle et de la singularité contextuelle et historique. L'Occident moderne s'est construit sur la base de son originalité. Les Grecs ont tiré profit des autres civilisations, mais ils demeuraient eux-mêmes. Ils ont su faire ce geste dialectique: imiter et dépasser. La dialectique de l'imitation et du dépassement est ce qui fait défaut en Haïti.

Aussi, ce qu'il convient de faire, c'est de réaliser une appropriation critique et dialectique de l'Occident. Le Japon a pris de l'Occident sa modernisation (technologie et science) et non sa modernité (ses valeurs). De même, la Chine prend du communisme ce qui lui convient, raison pour laquelle elle est en train de devancer les pays capitalistes sur leurs propres terrains d'économie libérale, alors que le pays de Mao Tse Toung se réclame du communisme. Une telle singularité fait parler du paradoxe chinois. Ce pays ne s'embourbe pas dans les voies de l'imitation servile, mais plutôt prend de la tradition occidentale ce qui lui sert pour s'engager dans la voie du progrès économique.

Une telle perspective créatrice chez les chinois est inexistante du monde arabo-musulman qui depuis le début du XIXe siècle se trouve dans une crise d'identité, ce qui montre son incapacité à dépasser les impacts de la modernité et de la modernisation occidentale. Jusqu'au XIXe siècle, le monde arabo-musulman ottoman se fermait sur lui-même et était caractérisé par l'esprit conservateur. Ce qui signifie que l'idée de modernité comme rupture avec la tradition et la crise de l'autorité du passé n'était pas encore à l'ordre du jour.

Sa rencontre problématique avec l'Occident produisait une crise d'identité et il était incapable de saisir l'opportunité de la révolution industrielle en Europe. Au contraire, l'empire ottoman était confronté à la crise des nationalités et aux attaques répétées des agressions européennes. Plusieurs efforts de réforme ont eu lieu, mais n'ont pas abouti à définir de manière critique et novatrice le rapport entre l'Islam et l'Occident. L'Islam allait faire face à l'impérialisme occidental depuis lors et se montrait incapable d'élaborer un discours critique vis-à-vis de la modernité occidentale. Les indépendances du monde arabe n'ont pas non plus conduit à cette indépendance culturelle et intellectuelle. On essayait de préférence d'imiter le nationalisme occidental, de s'occidentaliser comme le faisait la Turquie de Moustafa Kemal. Aussi, il a manqué au monde arabe une pensée critique pour s'affirmer face à l'hégémonie occidentale come en Chine et au Japon.

De la même manière, en Haïti, on se trouve dans cette incapacité à penser par soi-même, sans avoir besoin de se mettre à l'école occidentale. Cette incapacité se traduit aussi par l'absence d'un discours philosophique indépendant.

Dans l'histoire culturelle et intellectuelle haïtienne, la captation du réel passe souvent et surtout par la médiation poétique, littéraire ou des sciences sociales. Ce faisant, le discours philosophique fait parent pauvre dans cette tradition. Autrement dit, le réel haïtien est saisi à travers le poétique, le métaphorique et non par le conceptuel.

Sans sous-estimer la richesse inouïe du poétique et du littéraire, il convient de se demander pourquoi le discours philosophique fait défaut dans l'histoire intellectuelle haïtienne. Doit-on l'expliquer par une déficience mentale des haïtiens, par une sorte d'incapacité à penser par concept ?

Pourquoi le discours culturel haïtien n'a jamais essayé de penser son réel par le recours au concept, alors que tout discours philosophique puise sa matière dans le pré-philosophique, c'est-à-dire, dans une matière non philosophique ? Est-ce la peur qui s'empare de l'intellectuel haïtien vis-à-vis de la tradition occidentale?

En jetant un simple regard sur la philosophie occidentale voire sur la philosophie en général, il s'avère évident que toute philosophie est liée à son contexte d'énonciation et aux problèmes de son contexte historique et culturel. Hegel souligne que la philosophie est le temps saisi à travers le concept, ce qui signifie le rapport dialectique entre contexte historique et discours philosophique.

La philosophie grecque est née de la réalité grecque, des exigences de son intelligibilité. La philosophie politique était une réponse au défi de la démocratie grecque et une tentative d'y apporter une solution. Il s'agit donc d'une philosophie qui essaie de fournir des éléments de réponse à la question du meilleur régime pour la cité athénienne. Aristote, même s'il a critiqué Platon, partait des mêmes prémisses, à savoir, la recherche du meilleur régime.

Dans le contexte du surgissement de l'Islam, la philosophie arabe essayait d'abord de penser le statut du discours philosophique vis-à-vis du texte sacré - le Coran, les saintes écritures des Musulmans. Se posaient donc le rapport entre le discours philosophique et la religion, le rapport entre la foi et la raison, question que le plus grand philosophe arabe, Averroès (2000), tentait de résoudre dans texte classique - le *Discours décisif*-, réflexion dans laquelle il montre qu'il n'y a pas d'incompatibilité entre foi et raison.

Une question essentielle posée par la philosophie arabe était celle du statut de la pensée grecque exploitée par les philosophes arabes pour mieux saisir l'intelligibilité de la foi. L'on se demandait s'il était possible d'utiliser les catégories de la pensée grecque pour saisir la réalité arabe. Question sans aucun doute de grande importance qui fera l'objet plus tard d'un grand essai du linguiste Benveniste (1958), sous le titre de: *Catégories de pensée et catégories de langue*. Il montre que les catégories de pensée dépendent des catégories de la langue. Donc les philosophes arabes avaient raison de montrer les limites des catégories de la philosophie grecque pour saisir le mouvement du réel arabo-islamique.

De même, la philosophie de l'histoire hégélienne est inconcevable sans la révolution française. Celle-ci lui a fourni sa matière historique, et Hegel ne fait que traduire dans l'espace conceptuel le mouvement historique réel de cette révolution. Sa notion de fin de l'histoire reflète le processus idéologique de la révolution française faisant aboutir, selon l'historiographie eurocentrique, les idéaux de liberté, de fraternité et d'égalité.

Sa philosophie de l'histoire eurocentrique saisissait le rôle que joue chaque peuple dans le développement de l'esprit, de la raison à travers l'histoire.

Par ailleurs, en partant l'interprétation de Susan Buck-Mors (2013) de la dialectique hégélienne du maitre et de l'esclave, on peut souligner la dépendance de cette philosophie de la révolution haïtienne de 1804. Hegel n'élabore pas cette dialectique dans l'abstrait; il part plutôt d'un évènement historique concret qu'il a connu et qu'il cite à plusieurs reprises. Cela montre que malgré l'idéalisme philosophique du philosophe allemand, la réalité historique de son temps lui servait de support sensible- Kant dirait d'intuition sensible.

Sur le plan de la sociologie, il convient d'évoquer Alain Touraine qui en vient à parler de la "fin des sociétés" pour caractériser les sociétés postindustrielles actuelles, où le social cède la place à des questions relevant de la morale et de la culture. Les transformations du capitalisme remettent en questions les institutions sociales et obligent à "mobiliser des valeurs culturelles, éthiques, contre la domination de la finance spéculative. La plus importante de ces valeurs est celle que je nomme sujet, qui unit et dépasse la défense des droits politiques, sociaux et culturels" (Touraine, 2013: 25). Une telle situation le porte à remettre en doute les catégories de la sociologie classique pour saisir le mouvement des sociétés actuelles, qu'il qualifie de postsociales.

Chez le philosophe politique argentin, Ernesto Laclau, on trouve une critique épistémologique radicale dans sa pensée postmarxiste. Celle-ci tire sa logique, selon l'auteur, de la complexité, de la conflictualité du social traversé par un ensemble de luttes et d'antagonismes comme les questions de race, de classes, de sexe, de mouvements écologiques, anti-nucléaires, anti-institutionnels, etc. Selon Laclau (2010), la pluralité des conflits, des antagonismes sociaux met à l'épreuve les fondements théoriques et politiques du marxisme classique, considérant l'histoire et la société comme des totalités intelligibles et considérant la lutte des classes comme la logique antagonique du social. Le socialisme classique considère la révolution comme le moment fondateur pour la transition d'un type de société à une (Laclau, Mouffe, 2010: 26). Ainsi, la pluralité des luttes sociales implique une crise théorique et aussi la nécessité de repenser la gauche, le marxisme.

Pour Laclau, la gauche doit prendre en considération cette nouvelle réalité politique afin de repenser ses concepts et ses stratégies de lutte contre le libéralisme.

Elle est appelée à prendre acte de cette pluralité de luttes pour élaborer une nouvelle politique fondée sur le "projet d'une radicalisation de la démocratie". Ce qui est particulier chez Laclau, c'est qu'il entreprend une critique du marxisme à l'intérieur de la tradition marxiste caractérisée par sa pluralité interne. Pour lui, son postmarxisme n'est pas antimarxiste, mais plutôt tiré d'une relecture critique du marxisme, à la lumière de nouveaux contextes politiques et historiques. Grâce au concept d'hégémonie, Laclau et Mouffe entreprennent cette reconceptualisation du marxisme.

De même, la philosophe chilienne et élève de Louis Althusser, Marta Harnecker (2009), invite à penser le marxisme en fonction des nouveaux défis de la globalisation, à prendre en considération le noyau dur du marxisme comme science de la réalité historique. Contre ceux qui parlent de crise du marxisme, elle préfère mentionner la crise des marxistes, leur incapacité à penser les nouveaux défis actuels. Harnecker (2009: 290) pense qu'il convient de repenser les apports de Marx "avec de nouvelles recherches et de nouveaux concepts qui rendent compte des nouvelles réalités." Ainsi, pour Harnecker (2009: 292), il s'agit surtout de faire un usage critique du riche instrument théorique qu'a légué Marx et d'élaborer de nouveaux concepts permettant de construire la théorie conduisant à la création d'une société alternative au capitalisme.

Ces parenthèses antérieures nous montrent le rapport entre philosophie et contexte historico-culturel, thèse qui se trouve développée grandement par la tradition philosophique latino-américaine où l'on montre et démontre que toute philosophie est fille de son contexte, des problèmes posés par celui-ci. Le philosophe espagnol, José Ortega y Gasset - celui qui influençait le plus la tradition philosophique latino-américaine - affirmait ceci :

"je suis moi et mes circonstances". Il développait la thèse circonsctancialiste de la philosophie, pour montrer que celle-ci est une réponse aux circonstances problématiques.

Son ouvrage classique - *Meditaciones del Quijote* - publié en 1914 constitue la base épistémique de sa réflexion philosophique dont l'essence repose sur le "circonstancialisme", à savoir l'ancrage de tout discours philosophique dans un contexte déterminé. Sa théorie (Medin, 1998) aura des implications énormes sur la pensée latino-américaine. De là, le philosophe mexicain Leopoldo Zea va publier en 1943 et 1944 son ouvrage majeur: *El positivismo en México*. Il y analyse la pensée positiviste en fonction du contexte historique du Mexique. Zea souligne que toute philosophie est un désir de savoir, mais guidé par le contexte, par les circonstances du philosophe. Il ne s'agit pas d'une pensée décontextualisée. Il avance que la philosophie grecque nait du contexte grec et est limitée par l'horizon grec. Mario Magallón (2007: 42) argumente, pour sa part, que la philosophie se produit à partir d'un sujet situé dans la réalité historique et sociale. Ainsi la philosophie en Amérique Latine porte les traces de son contexte historique, culturel et politique.

Tout ceci pour dire que le Vodou est aussi digne de considérations philosophiques que tout autre thème. Il n'est pas question de considérer qu'il ne peut pas faire l'objet d'une conceptualisation philosophique au même titre que la démocratie chez les Grecs, laquelle permettait de saisir la naissance de la philosophie politique, comme une quête conceptuelle et normative du meilleur régime pour la cité grecque.

Ainsi, la prise en compte du Vodou dans l'univers conceptuel philosophique consiste à saisir ses potentialités et ses richesses en vue de dégager une dimension autre du Vodou: il s'agit de montrer qu'au-delà de sa particularité il y a une généralité qu'il porte mais qu'il est question de saisir cette généralité par le mouvement conceptuel philosophique.

Le discours philosophique du Vodou reconnait sa particularité, sa singularité et sa localisation historique et culturelle. Il reconnait aussi qu'il y a une pluralité conceptuelle du Vodou, que sa détermination empirique ne peut être conceptualisée seulement en référence au mouvement philosophique.

En outre, il reconnait que la saisie conceptuelle du Vodou présuppose son existence comme fait de culture, et donc susceptible d'être l'objet d'une pluralité d'approches théoriques. La captation philosophique du Vodou signifie que son existence empirique ne s'achève pas à travers sa lecture soit anthropologique, ethnologique, politique, sociologique ou autre.

Aussi, l'interrogation philosophique portée sur le Vodou vise à saisir son "sens" comme évènement historico-culturel déterminé par une singularité nationale qui est, dans ce cas, Haïti. Le Vodou renvoie à une configuration culturelle spécifique, mais son essence et son sens ne s'épuisent pas dans cette configuration. Il échappe à sa particularité culturelle nationale en raison de son essence plurielle faite d'univers de références culturelles hétérogènes.

De ce fait, le discours philosophique du Vodou va au-delà de sa particularité nationale pour montrer son universalité contre-hégémonique, subalterne, portée par des mémoires souffrantes dans le contexte colonial.

De la particularité coloniale haïtienne, le Vodou offre une dimension universelle ouverte complexe capable d'indiquer une autre forme pour saisir et penser la pluralité, l'interculturalité, la diversité, etc. Aussi, au regard du discours philosophique, le Vodou n'atteint pas encore sa pleine essence complexe, tant qu'il reste lié aux déterminations nationales. Il faut dégager dans sa structure même (faite de plusieurs imaginaires) ses capacités à ouvrir de nouveaux horizons où l'universalité prise en otage par la modernité serait libérée pour devenir une universalité ouverte, faite de plusieurs particularités.

Les différentes particularités (européenne, africaine, préhispanique, etc.) qui se trouvent dans l'essence du vodou ont surgi dans un contexte de contingence historique. Et par voie de conséquence, cette contingence fait poser la nécessité de construire une universalité plurielle qui tienne compte de la complexité et de l'hétérogénéité.

La saisie de l'universalité du Vodou à travers sa particularité signifie qu'il se libère de cette dernière pour s'enrichir et se donner une nouvelle dynamique. Celle-ci lui confère une existence complexe. Ce faisant, le discours philosophique du Vodou explore sa véritable essence.

Cette nouvelle dimension du Vodou surgit de son essence interne qui est dramatisée par le discours philosophique, lequel s'engage dans un processus d'exploration de toutes ses possibilités. Donc un concept philosophique du Vodou lui ouvre un nouvel horizon d'existence. Il s'agit d'une saisie nouvelle de son être.

D'ailleurs, le mot concept signifie *saisie*. Comme le souligne Jocelyn Benoist, c'est une certaine capacité de saisie du réel. C'est une prise (*capere*, en latin); en allemand, le terme *Begriff* signifie la même chose. L'essence du discours philosophique repose sur la conceptualisation. Emmanuel Kant (1987), dans sa "Critique de la raison pure", soutient que l'on pense par concept. Celui-ci permet d'organiser, de mettre en forme l'intuition sensible, la réalité extérieure. Pour Kant, l'ordre du concept relève du jugement: on juge par concept. En tant que sphère de représentation et d'abstraction, le concept saisit les choses dans leur universalité et leur généralité. Cette généralité et cette universalité ne sont pas inhérentes aux choses, mais surgissent du jugement de l'entendement.

De ce fait, l'activité de penser renvoie au concept, en ce qu'elle est autonome et libre d'établir ses critères et de juger le réel soumis aux catégories et aux concepts de l'entendement. Par sa fonction de juger, l'entendement ne se laisse pas déterminer par le réel. Au contraire, il lui impose sa logique critique en vue de mieux déterminer son être profond.

Pour Gilles Deleuze et Félix Guattari (2005), la philosophie équivaut à la construction de concepts, et "tout concept, disent-ils, renvoie à un problème, à des problèmes sans lesquels il n'aurait pas de sens et qui ne peuvent eux-mêmes être dégagés ou compris qu'au fur et à mesure de leur solution..."Ils soulignent que cette création conceptuelle est toujours une singularité. D'où leur maintien de la définition de la philosophie comme "connaissance par purs concepts".

Ainsi, le Vodou saisi d'un point de vue philosophique acquiert une nouvelle signification ontologique et épistémique. Il tombe dans une forme de généralité qui renouvelle sa particularité culturelle. D'où sa véritable nature de concept philosophique. À ce titre, Benoist (2010:124) a raison de souligner: "Cependant, ce qui est essentiel à un concept, c'est que, si particulière soit l'expérience, ou plus généralement les expériences dont il se nourrit, il présente toujours une forme de généralité au sens de *disponibilité d'emploi* - à la mesure de la ré-occurrence, ou en tout cas de la possibilité de la ré-application (si la question qu'il sert à traiter revient sur le tapis), qu'il est essentiellement fait pour affronter. Il est fait pour cela. En ce sens, la publicité fait partie de sa nature". Plus loin, il ajoute: " Le concept regarde toujours plus loin que son application ponctuelle. Il a nécessairement une forme d'idéalité, ou de "généralité".

Sa dimension épistémique signifie qu'il peut être le lieu d'une élaboration critique projetée sur d'autres univers de sens et de valeurs. C'est ce que nous faisons en considérant la cosmogonie de la libération.

La notion de cosmogonie de la libération constitue, dans le sens plein du terme, une création conceptuelle, laquelle permet de découvrir de nouvelles dynamiques sémantiques et éthiques du Vodou. Il s'agit aussi d'un renversement radical d'une histoire du Vodou pensée en termes de mythes, de croyances primitives, de sorcellerie, etc.

La cosmogonie de la libération est une "forme épistémique", en ce sens qu'elle renferme un réservoir d'application ouvert et de réutilisation dans des contextes variés. En pensant que le Vodou peut aider à faire face à la crise de l'universalité et de la modernité, elle se révèle donc comme une forme épistémique, dont la richesse élastique permet une multiplicité d'usages dans des situations variées. Benoist (2010: 138) argumente avec raison: " Le nœud du problème, alors, n'est plus que le concept puisse s'appliquer à des choses variées, ou disons à des occurrences variées de quelque chose, mais que cette variabilité devient elle-même la norme interne du concept, ou plutôt que cette dernière se détermine dans un rapport constituant à cette variabilité - ou, en tout cas, c'est là tout le problème, à une *certaine variabilité*, délimitée de façon immanente".

Par ailleurs, le concept n'est pas une simplification du réel. Il l'enrichit dans l'abstraction en lui donnant un nouveau visage sémantique. Il a des composantes et nous le verrons, quand nous analyserons la cosmogonie de la libération. Nous montrerons qu'il est le "point de coïncidence, de condensation ou d'accumulation de ses propres composantes", comme le disent Deleuze et Guattari (2005: 25). Ces derniers ajoutent: "Le point conceptuel ne cesse de parcourir ses composantes, de monter et de descendre en elles." Un concept philosophique est riche dans ses différentes composantes, en ce qu'il dégage une pluralité interne qui renvoie à un problème précis. Pour montrer la densité du concept, ils soulignent qu'il est "une hétérogenèse, c'est-à-dire, une ordination de ses composantes par zones de voisinage. Il est ordinal, c'est une intension présente à tous les traits qui le composent."

En partant d'un contexte, la cosmogonie de la libération perd sa charge contextuelle, en tant que concept philosophique. Elle devient un concept qui se "déconstextualise" pour représenter un sorte de paradigme à utiliser en tenant compte aussi du contexte de son usage. Mais il s'agit d'un paradigme, d'une norme toujours à mettre en mouvement.

Au moment de faire usage du concept, il faut s'interroger sur le rapport entre lui et son nouveau contexte, car le mouvement du concept ne coïncide pas nécessairement avec celui de la réalité. Tout concept, même s'il possède une capacité de variabilité, doit reconnaitre le mouvement dialectique de chaque réalité historique. Sinon, on court le risque de faire un usage dogmatique d'un concept, dont l'élaboration n'a pas été dogmatique. Au contraire, elle invite à la créativité et à la "performance" linguistique.

Cela veut dire qu'il faut un usage critique du concept dans d'autres contextes, en dégageant ses possibilités de variabilité, d'ouverture et d'enrichissement. Cela oblige à ne pas forcer le réel à entrer dans une cage conceptuelle non faite pour lui. Le réel en général est complexe et ouvert, alors que le concept une fois élaboré se fige parfois dans ses déterminations internes.

Entre la complexité, l'ouverture du réel et la fermeture systémique du concept, il faut trancher. L'acte de décider implique la prise en compte de la nécessité de conceptualiser et de respecter l'identité du réel qui invite à le penser en fonction de sa spécificité. Dans notre cas, la cosmogonie de la libération, au regard du contexte de crise de l'universalité hégémonique occidentale, invite à repenser la question de la diversité, de l'interculturalité, de l'identité culturelle.

Il s'agit avant tout de construire des ponts, des espaces dialogiques entre les univers de valeurs, de sens, de croyances, d'imaginaires, de mettre l'accent sur ce qui unit dans la diversité tout en dépassant la vision multiculturaliste empêchant le dialogue, l'échange, laquelle enferme chacun dans sa sphère de sens et de signification.

Le discours philosophique du vodou lui ouvre un horizon de communication avec d'autres champs comme la philosophie de la libération, la postmodernité, la philosophie interculturelle, la philosophie de Levinas, la Théorie critique. Au cœur de ces philosophies se trouve, entre autres, une critique de la modernité, de l'universalité occidentale et de la question identitaire.

Au même titre que ces courants philosophiques, la cosmogonie de la libération constitue une critique de la modernité hégémonique et universaliste. Cependant, elle puise sa vitalité dans l'imaginaire, la mémoire des opprimés, des exclus et des laissés-pour-compte.

La construction d'un discours philosophique sur le vodou permet donc de saisir toutes ses potentialités épistémiques et éthiques, c'est-à-dire, sa capacité à ouvrir de nouvelles voies pour mieux penser la diversité culturelle, l'universalité horizontale et la rencontre des imaginaires et des religions dans un contexte de globalisation et d'échange ininterrompu.

Philosophie en contextes islamique et africain

Cette section de notre essai aborde la relation dialectique entre philosophie et contexte historico-culturel, en tenant compte de certaines expériences non occidentales. Aussi, il s'agit pour nous de montrer que des traditions non occidentales élaborent des discours philosophiques en fonction de leurs spécificités culturelles. En outre, cette section répond à notre hypothèse de travail sobre la philosophie en Haïti, laquelle doit reposer sur trois bases: l'appropriation dialectique de l'Occident, l'herméneutique de la réalité haïtienne et le dialogue avec d'autres traditions philosophiques.

Dans les lignes suivantes, nous allons successivement aborder les contextes islamique et africain de la philosophie. Une telle approche revêt une signification essentiellement méthodologique, en ce qu'elle permet de voir comment le contexte culturel et historique infléchit le discours philosophique. Ce qui conduit, du coup, à l'indigénisation du discours philosophique. En d'autres termes, la philosophie est toujours en relation avec les circonstances et les problèmes posés par le contexte des philosophes. Aussi, philosopher c'est saisir à travers la création conceptuelle les problématiques du contexte et de la tradition. Il s'établit donc une tension, un dialogue critique entre philosophie et contexte.

Les deux contextes permettent, de plus, de voir comment le discours philosophique est lié à la singularité historique et culturelle. Nous verrons que la philosophie en terre d'islam, à partir du IXe siècle, était liée à l'islam. Des débats théologiques, philosophiques surgissaient et opposaient les auteurs impliqués. En Afrique, ce débat se pose notamment en contexte postcolonial. La question de la domination culturelle occidentale est ainsi soulevée, pour ensuite mettre en exergue la nécessité de la décolonisation conceptuelle, culturelle et symbolique.

Au demeurant, les contextes islamique et africain montrent que tout discours philosophique est traversé par l'histoire et la culture de son lieu d'énonciation.

Quant au contexte islamique, il est important de souligner que la naissance de l'islam constitue une révolution mentale, spirituelle, géopolitique et historique au sein de la Méditerranée. L'islam a bouleversé les données de cette région. Avec lui, les arabes font donc leur entrée fracassante dans l'histoire universelle. En effet, ils viennent ajouter un autre monothéisme à côté du judaïsme et du christianisme (Goody, 2006). C'est, au demeurant, un monothéisme rival qui vient révoquer en doute les autres vérités révélées. Il révoque aussi en doute le polythéisme, le fétichisme, l'animisme de la vie des arabes avant son avènement. Il bouleverse le mode de vie des arabes qui était basé sur la loyauté, laquelle se change en loyauté religieuse basée sur le Coran (Mezilas, 2013).

Par ailleurs, l'islam va influencer le discours philosophique au regard des autres disciplines capables d'expliquer le fait religieux. Il sera donc une source d'inspiration pour le discours philosophique, notamment dans un contexte marqué par l'influence de la pensée grecque. L'accès aux textes sacrés de l'islam n'est pas seulement l'œuvre des sciences de la religion (histoire de la Révélation, collecte et critique des Traditions, sciences auxiliaires de l'exégèse : grammaire, philologie, lexicographie, élaboration de la Loi religieuse); mais aussi la philosophie est appelée à jouer son rôle, un rôle qui sera l'objet de beaucoup de polémiques, comme le cas de Al-Ghazali qui, tout en tenant un discours philosophique, va critiquer les philosophes. Ces derniers se détournent de la vérité révélée par la spéculation. Ce sera l'un des premiers auteurs à proscrire la philosophie, comme une discipline capable de saisir rationnellement la Révélation.

D'autres philosophes comme Avicenne et Averroès (2000) vont défendre le droit de philosopher en contexte islamique, tout en montrant que la philosophie n'est pas incompatible avec la religion. Ainsi, parler de philosophie en contexte islamique est avant tout mettre en relation texte révélé (le Coran) et la philosophie grecque (Platon et Aristote). Il s'agit de faire voir que le Coran n'est pas en contradiction avec la rationalité philosophique. Plus de raison veut dire plus de foi. La récupération de la philosophie grecque par les auteurs arabo-musulmans permet dès lors de comprendre que la philosophie peut aider à avoir une meilleure intelligence de la foi, et ne conduit pas au mépris de celle-ci. Alors que dans la tradition chrétienne au Moyen-âge, on rejetait la tradition grecque et latine, sous prétexte que la philosophie classique était en contradiction avec les préceptes de la foi chrétienne. Cela montre que les arabes étaient en avance sur la pensée chrétienne, donc occidentale. C'est d'ailleurs grâce aux arabes que la pensée gréco-latine a été sauvegardée et a rendu possible la Renaissance en Europe.

Aussi, il est clair que la philosophie islamique se construit dans un dialogue critique entre tradition et réception de la pensée grecque. Jusqu'à présent des philosophes vont construire leurs discours en relation avec le contexte et la tradition islamiques, même si depuis le XIIIe siècle l'univers islamique connait une décadence intellectuelle avec la prise de Bagdad par les Mongols en 1258 (Arkoun, 2012: 81).

Méthodologiquement, l'une des questions essentielles concerne le statut de la philosophique en contexte islamique. Le philosophe Souleymane Bachir Diagne (2008) pose cette question et montre comment la philosophie a été possible en contexte islamique. Il souligne que la philosophie en Islam signifie interpréter selon la raison et ses concepts ce qui apparait comme un récit qui s'adresse à l'imagination. D'où il analyse l'islamisation de la philosophie, même si ce terme est d'origine grecque. Il montre que la philosophie islamique entretient un dialogue critique avec la pensée grecque, par le biais de la traduction que le rend accessible aux penseurs musulmans. Il ajoute: "Le philosopher en terre d'islam est une histoire de rencontres : celle de la philosophie grecque et de thèmes islamiques ; celle des langues syriaque et grecque avec l'arabe ; celle de traditions théologico-philosophiques qui s'entremêlèrent de telle sorte qu'une histoire de la philosophie médiévale qui s'en tiendrait, comme c'est souvent le cas, à suivre le seul fil de la philosophie chrétienne latine serait tronquée, incomplète." L'auteur reconnait qu'il y a une philosophie islamique, car "les récits fondateurs de la religion sont lus et compris à la lumière des enseignements de Platon, d'Aristote, de Plotin, ..."

Souleymane met à nu un certain nombre de questions qui traversent la pensée philosophique islamique: libre arbitre ou prédestination, ambigüités des versets coraniques, légitimité et autorité politique suite au schisme entre sunnisme et chiisme, etc.

Le traitement de ces questions donne lieu à une pluralité de doctrines philosophiques, répondant aussi aux intérêts idéologiques et politiques des califes musulmans. Par exemple, le courant jabarite défend la vision déterministe ou la prédestination, alors que le courant qadarite mise sur le libre arbitre. Ce dernier courant triomphait lors des empires abbassides ayant vaincu les omeyades, lié au courant jabarite. Par ailleurs, Souleymane montre comment au cours du IXe siècle de grands débats philosophiques commencent à se faire sentir en terre d'islam, notamment en ce qui concerne la rencontre entre la religion islamique et la pensée grecque. Le grammairien Sirafi révèle que les catégories de la pensée grecque sont l'expression de la langue grecque, alors que le philosophe Matta montre l'universalisme de la pensée grecque, au-delà des questions linguistiques. Ce débat soulève la question de la traduction d'Aristote en terre d'islam. Pour Sirafi, chaque langue a sa grammaire. Il avance qu'Aristote présente comme universelle ce qui relève de la grammaire de sa langue.

Par ailleurs, Souleymane pointe du doigt le débat autour du rapport entre philosophie et islam. Les positions sont diverses entre les philosophes. Avicenne, Averroès, entre autres, sont pour l'activité philosophique qui ne nuit pas à la religion. Averroès critique, entres autres auteurs, les thèses de al-Ghazali, sur l'inutilité de la philosophie. Ce dernier souligne que les philosophes substituent la raison à Dieu. Aussi, cherche-t-il à contrecarrer le rationalisme. Il avance que la philosophie est vouée à l'autodestruction. D'où il écrit des ouvrages de critique à la philosophie: *L'Incohérence des philosophes*, *Intentions des philosophes*, etc. Par contre, Averroès rejette l'accusation d'infidélité des philosophes portée par al-Ghazali contre Avicenne et al-Farabi (Averroès, 2000: 13).

Les débats entre les philosophes musulmans révèlent que la réception de la philosophie grecque, notamment celle d'Aristote, n'est pas sans soulever de problèmes épistémologiques, politiques et idéologiques au sein de la pensée arabo-musulmane. Le linguiste et philosophe Mohammed Arkoun (2012) fait écho de cette réception problématique dans ses ouvrages.

Arkoun (2012:40) souligne que plusieurs courants de la pensée grecque influence la tradition musulmane, comme le platonisme, l'aristotélisme, le stoïcisme, l'épicurisme, le pythagorisme, hermétisme, etc. Il ajoute que la tension déjà présente en Grèce entre *mutos* y *logos* est réactivée à

Bagdad, Basra et Kûfa. La réception de cette pensée passe, selon l'auteur, par la traduction. Arkoun (2012: 42) affirme: "Au début du Xe siècle, l'œuvre d'Aristote, des œuvres authentiques et apocryphes de Platon, les commentaires d'Alexandre d'Aphrodise, Porphyre, Thémistius, ... sont traduits."

Ces références à la philosophie islamique permettent de saisir le rapport entre philosophie et contexte historico-culturel. Les auteurs mentionnés mettent à nu cette relation dialectique. Jusqu'à aujourd´hui, se maintient cette dialectique entre pensée et contexte historico-culturel. C'est dans ce sens que le philosophe Mohammed Abed al-Yabri (2001) entreprend une critique de la raison arabe. Il critique les lectures libérale, fondamentaliste, marxiste de la tradition islamique et opte pour une lecture critique de la tradition. En effet, il défend la figure d'Averroès qui, tout en restant dans sa tradition, en fait une critique rationnelle et fondée. Il convient aussi de mentionner la figure de Tariq Ramadan, philosophe, activiste et professeur d'études islamiques à Oxford en Angleterre. Il met toujours en évidence le lieu d'où il parle. Il s'agit de la tradition islamique. Dans son ouvrage *L'Islam et la réforme radicale. Éthique et libération*, Ramadan (2008) défend une vision critique de l'Islam, une réforme comme fidélité au texte. L'idée de réforme, souligne-t-il - n'est pas en contradiction avec la tradition islamique. Elle en fait partie essentiellement. L'idée de réforme - tajdîd - veut dire renouvellement, régénération, rajeunissement et non trahison des sources fondatrices: Coran et Sunna. Pour Ramadan, "Le sens du tajdîd, à travers cette tradition prophétique, est bien de « ré-former » en permanence, de réformer au nom de la fidélité." L'auteur ajoute: " En clair, il n'existe pas de fidélité aux principes islamiques à travers les âges sans évolution, sans réforme, sans renouvellement de l'intelligence et de la compréhension."

Ramadan plaide en faveur d'une vision contextuelle de l'islam. Ce qu'il faut réformer, selon lui, ce ne sont pas les textes fondateurs, mais l'intelligence humaine, qui doit prendre en compte le contexte. Il souligne que les salafs, c'est-à-dire, ceux qui défendent une vision littéraliste de l'islam, confondent les principes et les modèles, l'immuable (thabit) et le changeant (mutaghayyir). Pour lui, les fondements (ul-usil), sont absolus, universels, éternels et ne souffrent pas de changement. Par exemple, les six piliers de l'islam, les obligations ou les interdits moraux, les recommandations. À ses yeux, on ne peut remettre en question du statut du Coran : "On le voit, le postulat – de plus en plus répandu dans certains milieux académiques ou interreligieux en Occident – que seule une remise en cause du statut du Coran permettrait une réforme en profondeur est très discutable, tant du fait de ses présupposés théoriques que par sa logique même." Il souligne que le statut du Coran n'empêche pas sa lecture historique, contextualisée et critique. C'est à l'intérieur du cadre de référence - Coran et Sunna - qu'il faut débattre de la question de la réforme. Ce cadre de référence est immuable, inchangeable.

Pour lui, les principes peuvent être immuables, mais les modèles varient en fonction des contextes historiques et culturels. Par exemple, il souligne que l'on ne peut pas reproduire l'expérience historique de la cité de Médine. Ce qui est important ce n'est pas de reproduire les modèles mais plutôt de retrouver la substance, l'esprit et les objectifs des principes. Ramadan affirme : "La distinction entre les principes et les modèles est un appel à la conscience des musulmans les invitant à rivaliser d'intelligence et de créativité afin, à chaque moment de l'Histoire, et quel que soit leur environnement, de produire un modèle de société qui soit le plus fidèle possible aux principes éthiques auxquels ils adhèrent." Pour lui, il ne s'agit pas d'imiter d'exemples historiques, mais plutôt de "prendre exemple sur l'exigence éthique et les efforts humains consentis pour parvenir à ces réalisations." Il invite les musulmans à ne pas confondre les principes et les modèles, la règle et sa forme. Une telle confusion, selon lui, "réduit la fidélité au message à la lecture figée, au statu quo, à l'imitation (at-taql îd) et à la répétition aveugle de l'ancien. Il s'agit surtout d'une simplification à l'extrême du message de l'islam et d'une application de ses enseignements qui, sous prétexte d'une apparente fidélité à sa forme historique, se trouve être parfois en contradiction avec ses objectifs éternels."

Ramadan fait référence à l'interprétation critique des textes (ijtihad). C'est un instrument méthodologique et épistémique de grande importance pour saisir les textes en fonction des contextes. Ramadan explicite: "Ce rapport dialectique entre Texte et contexte est une invitation faite à l'intelligence humaine de trouver les voies de la fidélité à travers le mariage de deux horizons de connaissance : celui des principes éternels de la pratique et de l'éthique et celui des réalités toujours changeantes des sociétés humaines." Cependant, il met en garde contre toute interprétation superficielle et libre : "L'ijtihâd n'a jamais été considéré comme une interprétation libre des Textes, offerte à l'élaboration critique des individus n'ayant aucune connaissance des sciences islamiques, des conventions et des normes qui s'imposent aux spécialistes des Textes et à l'exercice de leur expertise."

Grâce à l'ijtihad, on peut parvenir à la réforme, tout en gardant la fidélité aux textes fondateurs. C'est une intelligence des textes à partir des contextes variés. Cela n'est pas changement dans les sources mais dans la compréhension de la religion, dans la façon de la faire vivre dans différentes époques. La réforme, selon Ramadan, doit permettre de retrouver l'essence éthique du message coranique pour l'appliquer aux contextes. D'où il défend une réforme au nom de la fidélité.

Passons au rapport entre philosophie et contexte historico-culturel africain.

L'une des premières questions sur laquelle se penchent les philosophes africains porte sur l'existence ou non d'une philosophie africaine, notamment à la suite du livre classique du père Placide Tempels (1949), *La philosophie bantoue*, écrit en 1945. En effet, Tempels affirme qu'il existe une philosophie africaine, caractérisée par un ensemble de mythes, de croyances, de rituels qui se trouvent chez le peuple bantou. Une telle philosophie contient une vision du monde propre aux africains. Le sujet de cette philosophie est l'ethnie et non le sujet conscient, critique, rationnel comparable au sujet cartésien ou kantien.

De là est née ce que l'on appelle l'ethnophilosophie qui sera l'objet de débats et de controverses au sein de l'intellectualité africaine. L'ethnophilosophie sera rudement critiquée pour signaler l'existence d'une philosophie africaine mais différente de la perspective de Tempels. Pour Marcien Towa (1981), l'ethnophilosophie trahit la philosophie qui repose sur un discours critique, rationnel, et qui soumet tout à la discussion, même l'absolu. Alors que l'ethnophilosophie n'est pas un effort critique. L'ethnophilosophie décrit sans s'engager, selon lui.

Pour Azombo-Menda et Enobo Kosso (1978), l'ethnophilosophie ne fait qu'exposer les croyances sans les critiquer. C'est une sorte de profession de foi métaphysique. Selon Eboussi Boulaga (1968), l'ethnophilosophie n'est pas philosophie mais plutôt la description d'une culture négro-africaine. Ce qui le porte à critiquer avec force Tempels. De son côté, Hountondji (1977) souligne qu'il n'existe pas de philosophie collective. Ainsi, toute philosophie véritable est un discours rationnel et ne peut se réfugier derrière l'autorité d'une tradition pour se justifier.

Dans ce sens, la philosophie est avant tout un discours libre et critique. Elle ne saurait exister en troisième personne. Elle repose donc sur des débats, sur la liberté de pensée. Une sagesse ne saurait tenir lieu de philosophie. Tout discours philosophique doit exhiber sa nature et son statut théorique. Aussi cherche-t-il à libérer le discours philosophique de la référence non philosophique. Il s'agit de la libération du discours philosophique.

Son travail est proche de lui de Kant, qui a écrit une "critique de la raison pure". Hountondji cherche à produire ce qu'il appelle une "critique de la raison ethnophilosophique". Il définit ainsi la philosophie: "J'appelle philosophie africaine un ensemble de textes: l'ensemble précisément, de textes écrits par des Africains et qualifiés par leurs auteurs eux-mêmes de "philosophiques". Hountondji veut libérer la philosophie africaine de son concept vulgaire, comme un ensemble de croyances et de visions du monde. Au contraire, la philosophie est un discours rigoureux et critique, et ne s'assimile pas à une sagesse collective. Pour lui, la philosophie africaine renvoie à "la littérature produite par les Africains qui font fonction de philosophes". Pour montrer le caractère rigoureux de tout discours philosophique, il va jusqu'à comparer la philosophie à "une forme particulière de l'esprit scientifique".

Souleyamane Bachir Diagne (2006) soutient pour sa part que la philosophie en Afrique doit partir des problèmes et des exigences qui leur sont coextensives. Par exemple, il mentionne la question de l'identité en référence au problème lié au génocide rwandais, à la question de l'ivoirité: il fait mention aussi des guerres de religions en Afrique, les conflits entre les monothéismes, la question du dialogue interconfessionnel, islamo-chrétien, etc. En outre, il souligne qu'il convient de penser la crise africaine à la manière d'Edmund Husserl sur la crise européenne.

Pour lui, la philosophie doit contribuer à la "Renaissance africaine", la promotion de la culture du temps, le pluralisme culturel et religieux. Elle doit rendre possible la maitrise du futur par l'analyse des problèmes.

Influencé par les études postcoloniales, le poststructuralisme, la pensée de Michel Foucault et par les penseurs de la négritude, Achille Mbembe entreprend de déconstruire les stéréotypes occidentaux sur le noir, sur l'Afrique, bref sur le sujet colonial. Il montre comment l'identité occidentale s'est définie face au Noir, l'Autre absolu, réduit à néant. Dans l'imaginaire occidental, le Noir n'est rien: "c'est au point de rencontre entre la choséité et sa néantisation que réside son identité." Dans son essai *De la postcolonie*, centré sur la question de la domination, Mbembe (2004) montre comment l'Afrique est un objet de savoir pour l'Occident, ce qu'a déjà analysé Valentine Mudimbe (1988).

Mudimbe, aborde non seulement la question de la possibilité de la philosophie en Afrique, en tenant compte des aspects sociohistoriques et épistémologiques, mais aussi il analyse les discours sur les sociétés, les cultures et les peuples africains. Il interroge leurs modalités, leur signification et leur stratégie comme moyen pour comprendre le type de connaissance proposée. Son ouvrage *The invention of Africa* est une sorte d'archéologie de la gnose africaine. L'auteur interroge les imaginaires occidentaux de l'Afriques à travers le pouvoir des anthropologues, des missionnaires, des idéologues et des philosophes. Son ouvrage est une synthèse critique de questions complexes liés au sujet de la connaissance et du pouvoir sur et en Afrique.

Mudimbe souligne que la colonisation a trois modes d'organisation: a) procédures d'acquérir, de distribuer et d'exploiter les terres en colonies; b) politiques d'assujettissement des indigènes; c) manières de contrôler les anciennes organisations et de créer de nouveaux modes de production. D'où domination de l'espace physique, réforme des esprits et intégration des économies africaines dans la perspective occidentale. Mudimbe arrive donc à parler de structure colonisatrice (colonizing structure), laquelle embrasse le physique, l'humain et le spirituel. C'est cette structure colonisatrice qui est responsable des sociétés marginales. Elle crée l'eurocentrisme, l'opposition moderne / traditionnel, développé / sous-développé. Cette structure colonisatrice, selon Mudimbe, défait les traditions et les cultures, déshumanisent les gens, créent des inadaptés, des marginaux, des disparités, des régimes dictatoriaux. Elle crée le discours anthropologique. Le philosophe congolais poursuit en soulignant que l'anthropologie au XIXe siècle repose sur un système politique où le savoir est lié au pouvoir.

Revenant à Achille Mbembe, il convient de signaler que cet auteur a publié en 2013 un ouvrage très important sous le titre *Critique de la raison nègre*. Nous allons focaliser notre attention sur ce texte.

Prenant acte du déclassement de l'Europe comme "centre de gravité du monde", dans un contexte historique marqué par le néolibéralisme, comme visage sauvage et brutal du capitalisme né des XV et XVIe siècle de notre ère, Achille Mbembe se livre à une phénoménologie, une généalogie, une herméneutique de ce qu'il appelle la "raison nègre".

Loin de célébrer béatement et triomphalement cette fin de l'hégémonie occidentale, le grand philosophe et politologue camerounais analyse ses possibilités et ses dangers pour la pensée critique. Pour ce faire, il part d'un moment historique déterminé: la modernité.

C'est à ce moment que le sujet européen s'est constitué dans un rapport d'auto-identification, d'auto contemplation et de rejet de toute forme d'altérité. L'identité européenne s'est forgée dans un rapport non de coappartenance, mais plutôt "en termes de relation du même au même, de surgissement de l'être et de sa manifestation dans son être d'abord, ou encore dans son propre miroir" (Mbembe, 2013:10). Aussi, l'identité européenne surgit en relation et en opposition au non européen, donc à l'Autre. Ztvetan Todorov, sous l'influence d'Edward Said, analyse avec détails, le regard ethnologique occidental au début de la conquête et la colonisation de l'Amérique, mettant en évidence l'opposition entre le Même et l'Autre.

C'est de cette dialectique du Même et de l'Autre qui vont surgir dans l'imaginaire européen moderne les figures du Nègre et de la race. Bref, le sujet de race. Au même titre qu'Edward Said analyse la construction du sujet oriental par l'Occident, ou encore le philosophe congolais Valentine Mudimbe étudie l'invention de l'Afrique par l'Europe, Achille Mbembe entreprend l'archéologie de la raison nègre.

L'altérité nègre, comme produit et production de la Mêmeté européenne, va libérer un ensemble d'énergies, de passions voire de délires dans l'imaginaire européen. Comme sujet de race, le Nègre sera l'objet de toutes les injures, les humiliations, les bêtises, les rejets. Lui et la race sont les deux figures jumelles de la modernité, deux versants d'une même figure, celle de la folie codifiée (Mbembe, 2013: 11).

Pour Mbembe, le Nègre passe par trois moments dans le mouvement historique de la modernité. Le premier est celui du "dépouillement lorsqu'à la faveur de la traite atlantique (XVe et XVIe siècles) des hommes originaires d'Afrique sont transformés en hommes-objets, hommes-marchandises, hommes-monnaies", le deuxième remonte au XVIIIe siècle quand les nègres articulent leur propre discours "en revendiquant le statut de sujet à part entière du monde vivant". Le troisième est celui de "la planétarisation des marchés, de la privatisation du monde sous l'égide du néolibéralisme et de l'intrication de l'économie financière, du complexe militaire postimpérial et des technologies électroniques et digitales" (Mbembe, 2013: 12).

Cela montre que la figure du Nègre comme incarnation du mal absolu n'est pas fixe ni figé, mais qu'elle revêt des formes mobiles variables et complexes au cours de la modernité. D'une origine raciale ethnique, elle en vient à déterminer toute une humanité subalterne sous les rouages du néolibéralisme. Ce que veut montrer Mbembe – et c'est la thèse centrale du livre – c'est que l'on parvient au devenir-nègre du monde, en ce que la figure du Nègre ne renvoie pas seulement à une race, mais à une condition sociale, économique de toute une communauté humaine frappée par la misère sauvage que provoque le capitalisme.

Le coup de force conceptuel chez Mbembe lui permet de penser le devenir actuel du monde par la figure négative du Nègre. Mbembe souligne : "Pour la première fois dans l'histoire humaine, le nom Nègre ne renvoie pas seulement aux gens d'origine africaine à l'époque du premier capitalisme". Aussi, le Nègre ne désigne pas une communauté de race, mais une communauté sociale subalterne créée par la machine impériale euro-américaine. Cela porte l'auteur à parler du caractère fongible et soluble du terme Nègre.

En tant que produit de la modernité occidentale, le Nègre renvoie, selon Mbembe, à une série d'expériences déchirantes, à la réalité d'une vie vacante. Il a été "inventé pour désigner exclusion, abrutissement et avilissement". Cette situation d'oppression en vient à désigner toute une réalité généralisée, si bien que Mbembe s'interroge en ces termes : "quels risques un tel *devenir-nègre du monde* porterait-il au regard de la promesse de liberté et d'égalité universelle dont le Nègre aura été le signe manifeste tout au long de la période moderne?

Après avoir planté le décor de son étude, Mbembe se livre à un décryptage ou déchiffrage du sujet de race, à partir de la raison nègre. Cette dernière, selon lui, renvoie à "des figures de savoir; un modèle d'extraction et de déprédation; un paradigme de l'assujettissement et des modalités de son dépassement; et finalement un complexe psycho-onirique" (2013: 23). Elle se présente sous un double aspect. D'une part, elle est la conscience occidentale du nègre (Mbembe (2013: 51), en ce qu'elle est un ensemble d'énoncés, de voix, et de discours, de savoirs, de commentaires et sottises dont l'objet est la chose ou les gens "d'origine africaine". Elle est la source de la domination de race. Selon Mbembe, sa fonction est "d'abord de codifier les conditions d'apparition et de manifestation d'un sujet de race qui s'appelle le Nègre, ou plus tard et dans les conditions coloniales, l'indigène" (Mbembe, 2013: 51). D'autre part, la raison nègre renvoie à un "geste d'autodétermination, mode de présence à soi, regard intérieur et utopie critique". C'est le Nègre qui s'affirme face à l'Occident. Il exprime son identité de nègre. Mbembe (2013: 52) résume ainsi les deux moments de la raison nègre: "Si la conscience occidentale du Nègre est un jugement d'identité, ce contexte est, a contrario, une déclaration d'identité. À travers ce texte, le Nègre dit de lui-même sur qui on n'a pas de prise; celui qui n'est pas là où on le dit, encore moins où on le cherche, mais plutôt là où il n'est pas pensé."

L'auteur entreprend de montrer comment l'Afrique sera l'objet d'un regard nouveau avec les mouvements surréalistes, la peinture au début du XXe siècle. Il s'agit de célébrer le caractère artistique, son charme, ses rythmes, sa vivacité, ses œuvres d'art. Par exemple, André Breton souligne que le surréalisme a partie liée avec les gens de couleurs et qu'il existe des affinités entre la pensée dite primitive et la pensée surréaliste. Par contre, Mbembe montre que ce nouveau regard ne change rien, quant à l'arrière-fond culturel et métaphysique de ce regard. On ne fait qu'inverser les clichés et les préjugés, mais on ne s'attaque pas à la logique culturelle.

Puis il se livre à une déconstruction de l'idée du Blanc qui s'est imposée grâce aux pratiques coloniales, impériales et de domination. S'appuyant sur la thèse de Frantz Fanon disant qu'il n'existe pas de Nègre, que le Nègre est une invention du Blanc, Mbembe (2013: 73) démontre que le Blanc est "une fantaisie de l'imagination européenne que l'Occident s'est efforcé de naturaliser et d'universaliser, à travers un ensemble de dispositifs théologiques, culturels, politiques, économiques et institutionnels."

Pour l'auteur, "la puissance du Blanc s'est manifestée de diverses façons selon les époques - génocide et exterminations dans le Nouveau Monde et en Australie, traite de l'esclave dans le triangle atlantique, conquêtes coloniales en Afrique, en Asie et en Amérique du Sud, Apartheid en Afrique du Sud, à peu près partout dépossessions, déprédations, expropriations et pillage au nom du capital et du profit, et pour couronner tout, vernacularisation de l'aliénation". C'est à partir de cette structure que le Blanc construit son système de domination. C'est une violence structurale qui se manifeste par la distribution inégalitaire de la richesse planétaire, les prouesses techniques et scientifiques, les créations de l'esprit, des formes d'organisation de la vie politique, et par une propension au meurtre sans raison.

Si au cours de la modernité, l'Afrique et le nègre ont pu être mobilisés comme des sujets de race, le nègre sait répondre à la question : "qui suis-je". En disant "je suis nègre", il fait une affirmation d'existence et rejette du même coup le sentiment négatif associé au terme nègre. Mbembe (2013:219) écrit : "Je suis" signifie, dès lors, j'existe.". L'auteur soutient que c'est ce nom honni que des auteurs comme Marcus Garvey, Aimé Césaire vont reprendre pour lui donner toute sa dignité. Cependant, il convient de signaler qu'il revient historiquement à Haïti de tirer le mot nègre de sa charge négative, pour en faire une idée positive. Malheureusement, l'auteur de la *Critique de la raison nègre* ne s'attarde pas sur Haïti à la fin du chapitre *Clinique du sujet* où il traite les auteurs que nous venons de mentionner. Cependant, il a bien révisé, entre autres, la pensée de Césaire et de Garvey, Frantz Fanon, Nelson Mandela sur la question du nègre.

Au demeurant, il ressort que la philosophie d'Achille Mbembe est liée au contexte africain, et la question raciale y est prégnante. La négritude, comme on le voit, l'influence de beaucoup. Dès lors, sa philosophie ne peut ne pas partir de la question de la modernité, de la race et de la domination occidentale sur l'Afrique.

DEUXIÈME PARTIE:

COSMOGONIE DE LA LIBÉRATION ET MODERNITÉ

Price Mars et vodou en Haïti

Dans la section précédente, nous avons évoqué la pensée scientifique haïtienne au regard du vodou, notamment à partir du tournant ethnologique qui s'est donné chez Jean Price Mars, lequel tire profit des études littéraires qui déjà avaient soulevé la question du vodou dans la tradition culturelle haïtienne. En témoigne par exemple le roman d'Antoine Innocent, *Mimola*, publié en 1906 et d'autres œuvres romanesques.

De même, les études de J. C. Dorsainvil (1975) sont une référence essentielle dans l'histoire du vodou. Ce dernier publie des travaux sur le vodou, réunis sous le titre de "Vodou et névrose", publiés en 1924. Tout en reconnaissant le vodou comme une religion, il soutient que le phénomène de la possession relève de la pathologie. Il écrit : "La possession est intimement liée à l'histoire des religions. Elle est, comme nous l'avons dit, une manifestation morbide du sentiment religieux". Il considère que le vodou fait partie du patrimoine culturel haïtien dont le centre de gravité est les antiquités africaines. Il invite les chercheurs à tenir compte de l'Afrique dans l'étude sur la mentalité haïtienne. Pour lui, Haïti est un prolongement de l'Afrique dans l'espace.

Les travaux de Dorsainvil, comme le soulignent certains spécialistes, vont influencer beaucoup les recherches en Haïti en ce qui concerne le rapport de l'ethnologie à la psychologie, à la psychanalyse et à la psychiatrie.

L'une des œuvres ethnologiques qui va marquer l'histoire de la discipline en Haïti est celle de Price Mars: *Ainsi parla l'oncle*, publié en 1928. Il a été publié dans un contexte de lutte fervente contre l'occupation américaine du pays qui remontait à 1915. Price Mars (Mezilas, 2008) insufflait une nouvelle dynamique au mouvement de résistance culturelle des auteurs, des poètes de la *Revue Indigène* créée en 1927. Il est considéré comme l'un des plus importants intellectuels haïtiens qui a exercé une influence remarquable sur la génération de l'occupation américaine d'Haïti (1915-1934) et sur la culture haïtienne postérieure à cette occupation, note avec raison le philosophe et grand intellectuel haïtiano-américain Celucien L. Joseph (2013: 273), dans un magistral ouvrage analysant le rapport entre rhétorique, race et religion dans la pensée haïtienne, de Toussaint L'Ouverture à Price Mars.

Price Mars exhortait les intellectuels de son temps à se plonger dans la culture populaire haïtienne, à retrouver la vitalité africaine présente dans le folklore national. C'était un changement de paradigme qui d'un coup Price Mars réalisait. Comme il le souligne dans l'introduction du livre, il s'agit d'une "tentative d'intégrer la pensée populaire haïtienne dans la discipline de l'ethnographie traditionnelle".

Pour Price Mars, il n'est pas question de jeter un regard exotique, extérieur sur le vodou, mais de le saisir dans son historicité, sa particularité et son originalité dans l'espace national hattien. Il s'agit d'un regard nouveau, dépouillé de préjugés racistes et ethnocentriques, visant à montrer le vrai visage de l'haïtianité profonde que cache le vodou.

Pour lui, les croyances haïtiennes se ramènent à cette religion : "Au demeurant, toutes nos croyances populaires reposent sur des actes authentiques de foi et se concrétisent, en fin de compte, en une religion qui a son culte et ses traditions". Aussi, bien avant de définir le vodou, il s'interroge sur le concept de religion. Il écarte l'idée que la religion est ce qui unit l'homme à la divinité car il existe des religions sans Dieu, comme le bouddhisme. Dès lors, il préfère adopter la définition de la religion de l'école sociologique durkheimienne, établissant que "toutes les croyances religieuses connues, qu'elles soient simples ou complexes, présentent un même caractère minimum: elles supposent une classification des choses réelles ou idéales qui se représentent les hommes en deux genres opposés, désignés généralement par deux termes distincts qui traduisent les mots de profane et de sacré. La division du monde en deux domaines comprenant l'un, tout ce qui est sacré, l'autre, tout ce qui est profane, tel est le trait distinctif de la pensée religieuse. Les croyances, les mythes, les dogmes, les légendes sont ou des représentations ou des systèmes de représentations qui expriment la nature des choses, des vertus et les pouvoirs qui leur sont attribués, leurs histoires, leur rapports les unes avec les autres et avec les autres profanes..."

Price Mars en déduit que le vodou est donc une religion. Citons-le :

"Le vodou est une religion parce que tous les adeptes croient à l'existence des êtres spirituels qui vivent quelque part dans l'univers en étroite intimité avec les humains dont ils dominent les activités.

Ces êtres invisibles constituent un Olympe innombrable formé de dieux dont le plus grand d'entre eux porte le titre de Papa ou Grand Maître et a droit à des hommages particuliers.

Le vodou est une religion parce que le culte dévolu à ses dieux réclame un corps sacerdotal hiérarchisé, une société de fidèles, des temples, des autels, des cérémonies et, enfin, toute une tradition orale qui n'est certes pas parvenue jusqu'à nous sans altération, mais grâce à laquelle se transmettent les parties essentielles de ce culte.

Le vodou est une religion parce que, à travers le fatras des légendes et la corruption des fables, on peut démêler une théologie, un système de représentation grâce auquel, primitivement, nos ancêtres africains s'expliquaient les phénomènes naturels et qui gisent de façon latente à la base des croyances anarchiques sur lesquelles repose le catholicisme hybride de nos masses paysannes".

Cette longue citation vaut la peine d'un commentaire. En effet, l'auteur se démarque du coup de la vision traditionnelle du vodou qui prévalait notamment dans la pensée occidentale sur Haïti et sur le vodou, considéré comme un ramassis de sorcellerie, de pratiques magiques, etc. Il acquiert un statut de dignité au même titre que toutes les autres religions existantes. Car il dispose d'une même structure commune à toutes les religions. Les choses sacrées se distinguent des choses profanes. Il y existe un ensemble de croyances et de représentations. Celles-ci ne sont pas des choses irréelles, mais plutôt relèvent de l'imaginaire collectif. Elles structurent le mode d'être des esclaves qu'il faut respecter. À l'époque coloniale, on ne les considérait pas comme des façons d'être, comme des modalités d'existence collective. Elles étaient frappées d'irrationnelles, de magiques.

Pour Price Mars, elles recèlent une théologie, une vision du monde de l'esclave. Elles mettent en relation l'ici et l'ailleurs: le monde colonial et le monde africain, par l'imaginaire. Les ancêtres des esclaves sont présents dans leurs représentations culturelles.

Le vodou donne aux esclaves leur raison de vivre, leur permet de résister à l'ordre colonial. En tant que croyances et rites, il leur impose certaines interdictions. Price Mars énumère un certain nombre d'interdictions : défense de laisser périmer un délai sans plonger le nouveau-né dans une eau lustrale composée par le *hougan* (le prêtre vodou) ; défense de prononcer le nom de "baptême" de l'enfant en certaines circonstances à haute voix; interdiction de faire quoi que ce soit aux abords des sources où résident les esprits ; respect dû aux vieillards dépositaires des traditions ; défense de tuer et de voler ;

obligations annuelles par un acte quelconque aux sacrifices cultuels ; interdiction de l'inceste ; interdiction de suivre le convoi de leurs enfants morts ou d'en porter le deuil public sous la forme du vêtement noir, etc.

Toutes ces prescriptions forment un code de tabou et invitent à adopter un certain type de comportement. Ce qui signifie aux yeux de Price Mars que le vodou est porteur d'une morale, d'une vision du monde et de la nature. Il est donc inadmissible de le juger en fonction d'autres systèmes de valeur. Il faut l'analyser, le juger et l'aborder en fonction de sa spécificité et de sa particularité.

Une telle perspective remet en question implicitement les jugements de valeur portés sur cette religion depuis l'époque coloniale. L'anthropologie occidentale n'a jamais reconnu le vodou comme une religion jusqu'à l'époque où Price Mars écrivait sur le vodou. Elle le considérait comme des pratiques magiques. Sur ce, Price Mars souligne que le vodou ne relève pas de la magie, même s'il est difficile de distinguer entre magie et religion.

Sachant la complexité de cette question, le fondateur de l'ethnologie haïtienne avance que "le vodou est une religion très primitive formée en partie de croyances en la toute-puissance d'êtres spirituels -dieux, démons, âmes désincarnées- en partie de croyances en la sorcellerie et en la magie".

Concernant l'origine du vodou, Price Mars soutient qu'il vient "de l'Afrique incontestablement". Il ajoute que "l'on trouve çà et là, sur toute l'étendue de la terre africaine et chez tous les peuples qui l'habitent, des rites cultuels qui sont similaires à ces rites du vodou sans qu'il y ait entre eux identité absolue. Entre les uns et les autres, s'échelonnent des nuances quelques fois presque indiscernables, d'autres fois assez profondes pour établir des zones de démarcation".

Reconnaissant que l'Afrique était traversée par divers courants religieux, animistes, chrétiens et musulmans, il souligne la difficulté de saisir la carte spirituelle du vodou dans ce vieux continent. Il considère qu'il existe au Dahomey des représentations spirituelles appelées vodou, "cependant que, sous des dénominations diverses, telles autres parties de l'Afrique nous offrent des croyances à peu près semblables qui dérivent du même fond psychologique".

Par ailleurs, Price Mars met en évidence les circonstances dans lesquelles le vodou était pratiqué par les esclaves dans la colonie de Saint Domingue (Haïti). Ils le faisaient en clandestinité car le Code Noir interdisait sa pratique. Le pouvoir colonial les faisait baptiser afin d'avoir des esclaves soumis. Mais, nous dit Price Mars, "les nègres allaient au baptême avec un engouement suspect". Leur christianisation leur offrait l'occasion de ruser avec le système colonial en déguisant leur foi chrétienne: " le nouvel état religieux de l'esclave n'était que de façade; que par sa conversion officielle, ses croyances profondes n'étaient en quoi que ce fut entamées et restaient inchangées dans les mystères de sa conscience infrangible. Ses croyances devaient d'autant plus rester mystérieuses qu'elles subissaient la compression de la foi et du milieu humain. Mais l'on sait la force d'élasticité dont est capable toute croyance solidement étayée sur des agrégats de pensée séculaire".

Pour Price Mars, les esclaves faisaient preuve d'un "christianisme d'apparat" en refoulant dans "leur secrète adoration des forces obscures envers lesquelles ils se sentaient liés par de longues traditions ancestrales. "Il advint que de tels êtres placés en de telles conditions devaient, à certains moments, se sentir unis chaque fois qu'une émotion soudaine, un geste furtif, un acte de piété, trahissaient chez les uns et les autres la persistance de croyances qui, si elles n'étaient pas toutes identiques, avaient pour le moins beaucoup de points de contact avec celles des maîtres également désertés par tous, quelque fussent les origines, les mœurs et l'habitat de chacun avant la déportation et la servitude sur la terre étrangère".

C'est donc dans le pur secret que s'organisait le vodou ; les réunions religieuses des esclaves se faisaient dans un contexte clandestin, afin d'échapper aux regards des colons. Au départ, c'étaient des réunions cultuelles puis politiques. Ainsi se créait une "véritable communauté religieuse, nouvelle à bien des égards, fille du milieu et des nécessités du moment. C'est bien là, ce me semble, la proche origine de notre vodou".

Avec raison et justesse, Price Mars ajoute ceci : "Il est par excellence un syncrétisme de croyances, un compromis de l'animisme dahoméen, congolais, soudanais et autre". Bien avant son arrivée sur le sol haïtien, le vodou était marqué par la pluralité culturelle du contexte africain. Selon Price Mars, "le vodou a trouvé un facile moyen de diffusion parmi les représentants de toutes les tribus dont non seulement les croyances étaient apparentées, mais dont l'idiome était plus ou moins semblable". Les nègres qui arrivaient à Saint Domingue appartenaient à une même famille linguistique des bantous et des mandingues, ce qui facilitait l'échange et la communication entre eux. Ainsi, la situation de domination, d'exploitation, d'humiliation, de misère de la colonie allait renforcer les convictions à lutter contre ses rigueurs et des sévérités. Price Mars note que vers 1740-1750, le marronnage allait s'épanouir dans la colonie et les cérémonies religieuses politiques ne tardaient pas à se multiplier.

L'ethnologue mentionne la figure tutélaire de Mackandal et des autres marrons: "On connait l'histoire de Mackandal, exécuté en 1758. Il fut le plus célèbre de ces chefs qui exercerait une véritable fascination sur leur entourage. Tous avaient la révolte pour objectif. Ils ne reculaient devant aucun moyen pour réaliser leurs desseins et, si d'aventure, ils étaient pris et livrés au bourreau, ils allaient au supplice avec la foi hautaine du martyr. Les maîtres avaient beau multiplier les châtiments: castration, écartèlement, bûcher, roue, rien ne pouvait enrayer l'ardeur mystique des révoltés". Ils avaient une foi inébranlable dans leurs combats ; les tortures endurées ne les désarmaient pas. Au contraire, elles stimulaient leur désir de révolte. Le vodou représentait donc un système de résistance symbolique, éthique et métaphysique pour les esclaves.

L'étude du vodou de Price Mars met en relation le contexte social, culturel et politique de sa formation. Dans le contexte colonial, il était une force de mobilisation et de motivation collective. Il était mû par l'animisme africain comme son noyau central. L'ethnologue montre que le vodou est une religion à parti entière, dotée de ses rites et de ses croyances, de la séparation entre le sacré et le profane. Il s'est surtout exercé la nuit, à un moment où l'esclave pouvait échapper aux regards inquisiteurs des colons.

Modernité, altérité et universalité

Cette section de notre essai abordera la modernité à partir de la problématique de l'altérité et de l'universalité, telle qu'elle se construit dans la tradition occidentale. Une telle problématique tient compte surtout du rôle hégémonique de l'Europe dans l'histoire universelle, pensée et conceptualisée par Friedrich Hegel (2011). Les autres civilisations ont été marginalisées vis-à-vis de l'aventure historique et culturelle de l'Occident. Ainsi, le discours philosophique de la modernité a produit une conception de l'histoire universelle en plaçant l'Europe au cœur de ce processus.

En Occident, la modernité est un concept gris, nébuleux voire inabouti, tant il est chargé de diverses connotations, lesquelles renvoient à une multiplicité d'interprétations et de significations. En dehors de cette tradition aussi, il y a une variété concepts de modernité. En Amérique latine, certains auteurs mettent en relation modernité et colonialité (Mignolo, 2003). La colonialité est la face cachée de la modernité, elle lui est inhérente. Enrique Dussel (1994) souligne que la modernité commence avec la conquête de l'Amérique en 1492, bien avant le cogito cartésien.

Edgar Lander (1997) met en évidence deux mythes de la modernité: le premier est que la modernité européenne est l'expression maximale du développement de l'humanité. C'est un projet universel, correspondant au départ historique de l'humanité. Il montre que la culture européenne est ontologiquement supérieure aux autres cultures. Cela a des dimensions théologiques, philosophiques au cours de l'histoire moderne. Le deuxième mythe est que le processus universel de la modernité est le produit de l'esprit européen. Selon lui, ce sont ces deux mythes qui charpentent l'idéologie de la mission civilisatrice de l'Occident. Ils sont avant tout le produit d'une construction discursive.

Bolivar Echeverría (2005) parle de modernité baroque, comme une forme de modernité alternative vis-à-vis de la modernité hégémonique de l'Occident. Les cultures préhispaniques au moment de la conquête ont déjoué cette modernité hégémonique, en recourant à leurs propres traditions et valeurs. D'où la constitution en Amérique latine d'une modernité baroque. Cette modernité se déploie à travers le processus du métissage culturel, au même titre que celui qui a eu lieu dans la Méditerranée, décrit par Fernand Braudel, en tant que noyau dur de la culture européenne. À cause des cultures préhispaniques, le code culturel du conquérant a dû être reconstruit, restructuré et reconstitué pour l'intégrer dans son dynamisme. Cela donne lieu à ce qu'il appelle la modernité baroque.

Par ailleurs, Mignolo (2015) montre que la modernité est un récit qui surgit en Europe et qui se construit dans une perspective européenne. Elle colonise à la fois le temps (par construction d'une chronologie) et l'espace (par l'invention de Nouveau Monde). L'autre face (cachée) de cette modernité est la colonialité. Pas de modernité sans colonialité. L'option décoloniale dont parle Mignolo vise à sortir des visions hégémoniques, impérialistes et raciales de la modernité.

À partir de la tradition arabe, le philosophe Mohammed Abed Al-Yabri (2001) procède à une critique de la modernité. Il souligne que la modernité dans l'espace arabe ne signifie pas le rejet de la tradition, mais une critique interne de cette tradition. La modernité ne signifie pas non plus un processus évolutif comme dans la tradition occidentale où elle est surtout conceptualisée par la philosophie / théologie de l'histoire.

Le Moyen Age, la Renaissance, les Lumières ne s'inscrivent pas dans une perspective évolutive dans la tradition arabe, ils ne s'excluent pas; au contraire, ils se complètent. Ils sont contemporains les uns des autres. Al-Yabri argumente qu'il n'y a pas de modernité universelle; la modernité dépend du lieu d'énonciation, des traditions culturelles distinctes.

Chez Valentime Mudimbe (1988), on trouve aussi une critique de la modernité en ce qui concerne l'invention de l'Afrique par l'Occident. Le philosophe congolais procède à une sorte d'archéologie de la gnose africaine, interrogeant les images occidentales de l'Afrique, à travers le pouvoir des anthropologues, des missionnaires, des idéologues et des philosophes. Ainsi, il étudie comment l'Afrique a été mise en discours par l'Occident.

De même, Achille Mbembe - préalablement mentionné- parvient à réaliser ce qu'il appelle une "critique de la raison nègre". La raison nègre renvoie à la fois à un ensemble de préjugés, d'idées reçues de l'Occident sur le Noir - c'est un jugement d'identité-, mais aussi, c'est une prise de conscience du Noir sur sa propre identité -. Il s'agit d'une déclaration d'identité. Le philosophe camerounais remet en question la prétention épistémique de la modernité. Dans les lignes suivantes, nous allons déchiffrer la modernité, selon la perspective occidentale.

La modernité occidentale, dont la philosophie des Lumières était l'apogée, ne reconnaissait pas le pouvoir de la tradition et de l'autorité. Hannah Arendt (1989) argumente qu'avec la modernité nait la crise de l'autorité. Les Anciens ne représentaient plus une sorte de modèle ou de référence. À la place de Dieu, de la nature ou de tradition, c'est le sujet humain qui s'érige en maitre et seigneur. Il est le seul à posséder et à conférer le sens aux choses. Il est la source du Beau, du Vrai et du Bien. Les trois Critiques (1987; 2003; 1995) de Kant sont un exemple vivant. Elles traitent des questions du Beau, du

Vrai et du Bien en référence à la raison subjective qui est déconnectée de toutes formes de dépendance envers la transcendance et la tradition. Le sujet moderne avec Kant atteint sa pleine autonomie dans ces domaines précités. Il s'érige en juge et son jugement dépend de sa seule réflexivité.

En tant que fondement des choses, le sujet moderne met à nu la contingence des choses, et la crise devient inhérente à la modernité. Car aucune transcendance ne lui permet de juger les choses. Myriam Revault d'Allonnes soutient que "la perte de la transcendance qui fournissait au monde humain ses repères ultimes et inexpugnables entraîne une crise du sens et des valeurs en général. La modernité est habitée par la crise et, pour le dire plus abruptement encore, la modernité est un concept de crise. Il ne suffit pas de parler d'une crise "de" la modernité ou "dans" la modernité: crise et modernité sont indissolubles".

La modernité fait donc émerger un nouvel univers conceptuel, une nouvelle expérience du temps et un nouveau régime d'existence où s'impose la réflexivité, continue Myriam d'Allonnes. Cette dimension réflexive du sujet trouve en Descartes son représentant paradigmatique. Hegel souligne qu'il est le héros de la modernité.

La critique de l'autorité et de la tradition se fait à tous les niveaux. Machiavel en est le représentant sur le plan politique; il remet en question le rapport entre politique et morale, tel que le conçoit la tradition. Les théoriciens de la philosophie politique - Thomas Hobbes, John Locke, Baruch Spinoza, Jean Jacques Rousseau, etc. ont fondé un nouvel édifice conceptuel pour penser la politique. Désormais, celle-ci repose sur le contrat social, seul noyau de légitimité de l'autorité politique.

En philosophie, Emmanuel Kant (Goldman, 1967) repense la théorie de la connaissance. Elle ne part pas de l'ordre naturel ou divin, mais plutôt de la finitude humaine, de sa subjectivité et de ses limites. Pour lui, la modernité est le fait que l'homme sort de sa minorité pour entrer dans la maturité. C'est l'usage critique de sa raison et la fin de la soumission aux préjugés de la tradition et de l'autorité. La modernité réside dans le "penser par soi-même", "sans préjugés". C'est l'autonomie du jugement, de la réflexion. Elle repose selon Hegel sur la subjectivité libre. D'où un commencement absolu et inaugural.

La radicalité de la modernité entraîne que l'on s'interroge sur sa légitimité, vu qu'elle remet en question ce que Claude Lefort attribue à la démocratie: la dissolution des repères de la certitude. La fin des certitudes et des vérités liées à la transcendance divine et à l'ordre cosmologique. Blumenberg soulève cette question et montre que la modernité ne tire sa légitimité que d'elle-même et non du passé. Elle échappe à la transcendance divine et à l'ordre cosmologique, lesquels déterminent l'essence de la réalité. La modernité instaure l'ère du soupçon, de la rupture, de la scission avec les modèles anciens. Aussi, elle est en même temps un concept de crise, puisqu'elle crée une rupture avec un ordre passé considéré comme illégitime.

La modernité doit construire, trouver en elle-même sa propre normativité, son propre fondement et sa propre identité. D'où le besoin de philosophie selon Hegel, interprété par Habermas (1985). Habermas écrit: "Dans la mesure où la modernité s'éveille à la conscience de soi, on voit surgir un besoin de trouver en soi-même ses propres garanties, que Hegel interprète comme un besoin de philosophie. Selon lui, la philosophie se voit chargée désormais de traduire en pensée le temps qui est le sien, autrement dit les temps modernes."

D'où l'histoire devient une modalité de l'existence humaine et non le produit de la transcendance divine ou naturelle. Habermas (2005) soutient: "le concept profane de Temps modernes désigne l'époque qui vit en fonction de l'avenir et qui s'est ouverte un nouveau présent". Blumenberg (1999) avance que les temps modernes n'existent pas avant le moment où ils se déclarèrent comme tels. De cette manière, se pose la question de l'organisation du lien social, de l'ordre politique. La politique devient donc un travail d'institution du social, en rupture avec la primauté du religieux. Et tout dépend de la déesse Raison: elle se caractérise par la subjectivité: liberté et réflexion. Cette raison procède à une critique de la culture, de la tradition, des préjugés, de l'autorité. C'est dire que la raison critique et s'élève au-dessus de la culture. Cette raison n'accepte rien de dogmatique, sans preuve.

En outre, nous considérons la modernité comme le discours de la totalité, dont le noyau dur repose sur la quête de l'universalité. Dans cette logique d'universalité, l'altérité est perçue comme faisant partie du Même, sans la reconnaissance de sa particularité. Aussi, il y a une dégradation de la différence, de la pluralité et de l'altérité.

Ainsi, le sujet moderne est un sujet tout-puissant, qui se place au centre de l'histoire, dominant ses passions, ses émotions, ses préjugés et remettant en question tout ce qui ne relève pas de lui. Il s'agit d'un sujet épistémique qui veut connaitre la totalité des choses par l'usage de sa raison et de la méthode.

Méthode et raison sont ses deux recours, par lesquelles il exerce son contrôle sur la réalité. Ce n'est pas sans raison que le *Discours de la méthode* de Descartes a eu tant de succès en son temps. Francis Bacon publie le *Novum Organum*; Kant, sa *Critique de la raison pure*, Hegel, sa *Phénoménologie de l'esprit* ; Marx élabore la méthode dialectique; Auguste Comte écrit ses *Cours de philosophie positive*, etc. Le sujet moderne fait primer la connaissance sur la contemplation.

Face à l'altérité, le sujet moderne impose sa vision hégémonique du réel. L'autre renvoie à tout ce qui se trouve hors de l'Occident, le non-chrétien. Les Grecs diraient que l'autre réfère à celui qui est hors de la cité, donc le barbare. Ce qui caractérise ce sujet est la totalité, comme la volonté de tout soumettre à lui. Il intègre l'extériorité en lui pour lui imposer sa vision des choses.

L'Europe est avant tout l'expression de cette totalité, c'est-à-dire, de cette vision hégémonique de soi à partir de sa particularité culturelle, laquelle s'érige en universalité. Aussi, la particularité du soi européen va au-delà de ses frontières pour se construire une vision hégémonique de soi et de l'Autre.

L'identité européenne dans cette dynamique d'expansion cherche à assimiler l'altérité de l'Autre par l'imposition de son système de valeurs, notamment depuis la modernité. Elle hérite de la Grèce et de la Rome antique un ensemble de visions, de concepts de l'Autre qu'il convient d'évoquer brièvement pour mieux saisir la préhistoire du fondamentalisme identitaire occidental ou européen. Cela permet aussi de comprendre pourquoi le refus, le rejet et la dévalorisation de l'Autre sont inhérents à la phénoménologie de l'esprit européen.

La prise en compte des héritages grec, romain voire chrétien dans le discours de l'Autre en Europe signifie que la totalité européenne ne se construit pas sur le vide. Au contraire, elle résulte d'une longue trajectoire historique au cours de laquelle elle s'est consolidée et renforcée. Les moments grec, romain, et chrétien sont constitutifs de la formation du soi collectif européen. Ils lui permettent d'affirmer d'abord sa différence et sa particularité face à l'Islam, puis face aux peuples du Nouveau Monde. Dans ce sens, la vision de l'universalité et de l'altérité que la modernité occidentale se construit résulte du passé historique européen.

Les Grecs divisent le monde en deux: eux et les barbares. Ainsi, avec les Grecs, s'initie le dualisme inaugural dans la pensée européenne. Le monde est divisé en deux blocs, dont les relations ne reposent pas sur l'équilibre, la réciprocité et le respect, mais plutôt sur l'opposition, l'exclusion. C'est le début de la non-simultanéité du contemporain.

Cette division du monde en deux - le monde grec et le monde barbare- signifie que la vérité de l'être se trouve dans le logos grec, inexistant chez les barbares. Un logos qui permet le dévoilement de la vérité du monde (alitheia). Par leur nature intrinsèque, les barbares ne peuvent pas accéder au logos, à la parole vraie et au discours de raison.

Aussi, la différence entre le Grec et le barbare n'est pas le produit d'un accident mais le résultat d'une différence ontologique et conduit à une supériorité de nature. Le philosophe mexicain Leopoldo Zea (1988: 23) souligne que pour le Grec le barbare est l'homme brut, le non-Grec, l'étranger. Il est synonyme de sauvage et d'inculte, faute du logos. Le mouvement du logos grec est hégémonique, dominant et totalitaire. C'est lui qui qualifie le non-Grec, le barbare. Il est un centre organisateur, ordonnateur du monde.

Ce logos est à la fois parole et raison, dont manque le barbare. En tant que raison, il construit son image du monde en fonction d'un modèle cosmologique. Comme parole, il est incapable de dialoguer avec d'autres vérités, d'autres cultures car enfermée dans son égocentrisme et son rejet de l'Autre. Face au logos, comme le dit Zea, les autres vérités sont de simples opinions, doxa, dépourvues de rationalité. En plus, le logos n'est pas universel; il est absent chez les barbares.

Ce rejet de l'Autre est présent aussi dans l'ontologie parménidienne où l'être est le tout et non le divers. L'identité de l'être est une et non diverse. La philosophie grecque est avant tout une philosophie de la présence, qui ramène tout à la lumière du logos dont Levinas (1971; Derrida, 1967) met à nu les limites par la référence à la tradition juive.

Chez les romains, on trouve la figure de l'Autre comme barbare. Il se trouve en dehors de la république romaine. L'expansion politique romaine essaie de le convertir aux valeurs républicaines. La naissance du christianisme renforçait le rejet de l'Autre et la non reconnaissance de son altérité culturelle et religieuse. Avec cette religion nait l'idée d'humanité comme paradigme universel pour penser le genre humain. L'humanité est une en Dieu, mais il s'agit d'une humanité pensée à la lumière de la foi chrétienne. De là surgit la non reconnaissance de la diversité religieuse et culturelle.

Le concept d'humanité lié au christianisme est accompagné d'une forme d'universalité hégémonique, en ce que la particularité chrétienne s'érige en universalité. Cette volonté universaliste et hégémonique conduit à l'intolérance, à l'impérialisme religieux et à la mise au rancart de la pluralité religieuse. L'alliance entre l'église chrétienne et l'empire romain allaient renforcer le désir hégémonique du christianisme. Avec la naissance de l'islam en 610, vont surgir la crise de l'universalité chrétienne et l'émergence d'un nouveau rival religieux de taille. La menace constante de l'islam renforçait l'identité chrétienne de l'Europe, si bien que le terme Europe coïncidait au Moyen Age avec cette affirmation identitaire.

Cependant, avec la conquête et la colonisation de l'Amérique, le rejet de l'altérité indigène et africaine allait s'affirmer avec radicalité. L'Europe moderne en crise avec la Réforme protestante cherchait à sauver la "pureté" du christianisme dans les Amériques. C'est pourquoi les aborigènes du continent étaient interdits de pratiquer leurs cultes, les traditions incompatibles avec la foi chrétienne. En outre, les pères de l'Église chrétienne ont mis en doute leur humanité. Le débat de Valladolid était paradigmatique à ce propos.

L'idée de Las Casas selon laquelle il fallait les convertir par la persuasion et non par la force était en quelque sorte une forme de violence symbolique et un irrespect vis-à-vis de leurs traditions. À ce titre, chez lui, on ne trouve aucun contre-discours de la modernité. Au contraire, il ne reconnaissait pas leur altérité culturelle et religieuse. Il optait par d'autres moyens (non violents) pour conquérir leurs âmes.

Quant à l'altérité africaine, elle ne bénéficiait d'aucune reconnaissance. C'était le refus absolu des traditions africaines par rapport au christianisme. La modernité en Europe se caractérise aussi par la crise du christianisme et l'émergence du protestantisme. Pourtant, dans les Amériques, c'était l'affirmation de l'hégémonie du christianisme et la subalternisation des croyances non chrétiennes.

Aussi, l'esclave devait pratiquer dans le secret ses rites, ses traditions et ses religions. Il a dû fuir le système de la plantation coloniale pour échapper aux violences quotidiennes. Son altérité était niée, non reconnue et marginalisée. La subjectivité servile était une subjectivité marginalisée, exclue de l'espace public colonial car celui-ci reposait avant tout sur la négation de l'esclave et de ses valeurs traditionnelles.

La modernité était surtout coloniale, raciste, esclavagiste et hégémonique. Pour cela, l'esclave recourait à ses traditions ancestrales comme une forme de marronnage culturel et symbolique. Il ne pouvait pas utiliser les références philosophiques de la modernité pour critiquer l'ordre existant. Cet ordre incarnait l'universalité de la volonté de puissance occidentale.

Le cogito cartésien n'est pas seulement lié à l'affirmation du sujet moderne libéré des entraves de la tradition et de l'autorité, mais c'est aussi l'expression de l'universalité de sujet européen dont la phénoménologie de l'esprit de Hegel en révèle tout le mouvement dialectique. Que ce soit le sujet cartésien ou le sujet hégélien ou kantien, il ne dialogue pas avec le non-européen. C'est un sujet hégémonique, universel caractérisé par le monologue. Pour ce sujet, l'Occident est la fin de l'histoire. C'est le plus haut degré de la civilisation et de la culture universelle.

L'universalité du sujet moderne exclut du même coup la reconnaissance de l'altérité de l'autre. Les civilisations orientales, africaines, américaines sont ainsi dévalorisées et considérées comme inférieures et sans valeur. Le véritable esprit ne pénètre pas encore dans ces civilisations. Il renvoie à l'Europe de les coloniser, de les dominer pour les faire entrer dans le règne de l'esprit universel.

Aussi, l'affirmation moderne de la raison hégémonique en Occident coïncide avec la négation de l'autre et sa colonisation. L'autre face de la modernité est la colonialité et la non-coïncidence entre l'européen et le non-européen. Ce qui signifie que l'essence de la modernité vue de l'extérieur de l'Europe est la violence à la fois symbolique et physique. La violence physique se matérialise par la conquête des espaces extra-européens et la violence symbolique par l'énonciation d'un discours sur l'autre basé sur son infériorité, le racisme, la discrimination et la soumission. Dans ce sens, Edward Said a raison d'établir, à la suite de Michel Foucault, le rapport dialectique entre savoir et pouvoir.

Said étudie comment l'Orient est construit par l'Occident en vue de le dominer: d'où l'orientalisme, défini comme une institution, un style de pensée, une façon de penser la différence ontologique et épistémologique entre l'Orient et l'Occident. Ce qui est important ce n'est pas la réalité de l'Orient mais plutôt la force de ce discours et ses impacts sur l'imaginaire européen. L'orientalisme traduit la domination politique, culturelle, symbolique et épistémique de l'Occident sur l'Orient.

Pour sa part, l'anthropologue haïtien, Laënnec Hurbon (1987), étudie la production de la barbarie en Occident et montre comment elle est projetée sur le vodu. Ainsi, le vodou est aussi victime de l'orientalisme, du discours de domination de l'Occident, au même titre que le Nègre chez Mbembe.

Derrière ce discours se cache le sujet occidental, un sujet double: politique et épistémique. Le sujet politique se manifeste à travers le colonialisme, le capitalisme et l'impérialisme et le sujet épistémique se manifeste dans les sciences sociales, dans les humanités. Ces deux sujets collaborent ensemble dans le projet de domination mondiale de l'Occident. Ce dernier se présente comme une méga-identité (Corm, 2009) qui s'oppose à l'autre et qui se pense comme incarnant l'esprit universel. Ses préoccupations s'universalisent et ne prennent pas en compte les autres préoccupations. Par exemple, Marx pense l'histoire universelle en référence aux catégories de classes sociales et de la lutte des classes, mais ne voit pas le colonialisme. Sa pensée est déterminée par son espace et son lieu d'énonciation.

Ainsi, le point de vue du prolétariat est le point de départ de la connaissance. Son sujet est européen et est lié à l'histoire moderne. C'est un sujet en conflit à l'intérieur de l'histoire moderne européenne. Le sujet de Marx est présenté comme universel.

La pensée moderne en Occident repose sur l'universalité et le rejet de l'altérité. Au regard de ce sujet, le vodou haïtien a été déprécié et l'objet de toutes les attaques. À cause du vodou et de sa révolution de 1804, Haïti a été considéré comme le pays barbare, primitif, sauvage et non civilisé. Tout un ensemble de stéréotypes ont été construit en vue de l'exclure de la scène internationale. Ainsi, le vodou et Haïti ont été donc l'autre de la modernité occidentale.

Vue de l'extérieur, la modernité est avant tout l'expression de l'universalité occidentale et le rejet de l'altérité. C'est contre cette vision hégémonique et impérialiste que surgit la cosmogonie de la libération, dont l'ancrage renvoie aux cosmogonies africaines. Elle défie la modernité coloniale et la vision hiérarchique de la culture, de la race et de la civilisation. La cosmogonie de la libération suppose la recherche d'une autre vision de la culture, de l'histoire et de la civilisation. Il s'agit de penser une autre manière les relations humaines, non sur l'idée de race, de hiérarchie et de la domination, mais plutôt sur une vision transversale, horizontale et dialectique, laquelle met en relation et en relief toutes les formes d'expression humaine.

Cosmogonie de la libération

Il convient maintenant de saisir le mouvement complexe du concept de cosmogonie de la libération. Un tel concept n'est pas simple. Comme le disent, Deleuze et Guattari (2005: 25), le concept renvoie en général à d'autres concepts; il a plusieurs composantes, lesquelles sont inséparables en lui: "chaque composante distincte, disent-ils, présente un recouvrement partiel, une zone de voisinage ou un seuil d'indiscernabilité avec une autre". Ils ajoutent: "les zones et les ponts sont les joints du concept".

La cosmogonie de la libération, comme concept philosophique, permet de dépasser la logique épistémique et ontologique de la modernité. C'est un concept qui s'inscrit dans une perspective postoccidentale, en ce qu'il implique la prise en compte d'une pluralité d'imaginaires capables de féconder le monde en commun. Grâce au vodou, il permet de construire des savoirs subalternes et une éthique de la pluralité et de l'universalité. Sans le contexte historico-culturel du pouvoir colonial, il ne serait pas capable de mobiliser toutes les richesses des identités en contact pour jeter des ponts de coexistence entre elles.

Ainsi, il y a un rapport dialectique entre le contexte colonial et la construction conceptuelle de la cosmogonie de la libération. Sans doute, l'on se demande pourquoi on en arrive à parler de cosmogonie de la libération, alors qu'en Amérique latine on mentionne surtout philosophie de la libération et théologie de la libération dans les années 1970.

Une telle question permet de souligner l'originalité de notre entreprise philosophique et l'idée de marronnage conceptuel ou théorique. Les concepts de philosophie ou théologie de la libération sont élaborés en Amérique latine pour rendre compte du mouvement dialectique singulier de la région et de la nécessité de saisir la région en fonction de sa singularité historico-structurelle. La théologie de la libération dépasse la tradition théologique eurocentrique pour mettre la parole de Dieu au service de la libération sociale, des opprimés et des marginaux. Il s'agit d'une critique périphérique de la théologique occidentale. La théologie de la libération en Amérique latine s'inscrit dans une déconstruction de la théologie eurocentrique.

Quant à la philosophie de la libération, elle déconstruit la logique de domination au cœur de la philosophie occidentale en montrant ses relations avec le système de domination occidentale. Plus loin, nous analyserons les éléments pertinents de cette philosophie. Voyons pour le moment la notion de cosmogonie de la libération.

L'idée de cosmogonie de la libération signifie que ce sont les croyances, les imaginaires, les systèmes de représentations des esclaves qui sont mobilisés pour articuler leurs formes de lutte. Les termes théologie ou philosophie de la libération sont traversés par l'imaginaire eurocentrique. En parlant de cosmogonie de la libération, nous élaborons un concept qui part de la préoccupation, de la perspective, du lieu d'énonciation des esclaves. C'est leur vision du monde qui est au cœur de leur philosophie, de leur désir de transformer la réalité.

Par ailleurs, la cosmogonie de la libération signifie que l'esclave pense le réel à partir de ses références culturelles, éthiques et métaphysiques. Aussi, ses luttes s'inscrivent dans un univers de sens et de signification, en ce qu'il s'agit de saisir le réel par la mobilisation de ses systèmes de valeur.

L'idée de cosmogonie de la libération renvoie au fait que le rapport de l'esclave avec la réalité coloniale passe par la médiation de ses systèmes symboliques et de ses références religieuses. Cela signifie aussi que l'esclave ruse avec le système colonial pour penser ses rapports avec le réel. Au cœur de sa mémoire se trouvent ses références culturelles et métaphysiques. Ainsi, se constitue le vodou dans un contexte de violence coloniale et de résistance culturelle et symbolique (Mezilas, 2011b; 2011c).

Le vodou, comme éthique subalterne de l'altérité, sort des sentiers nuageux de l'impérialisme culturel occidental par la récupération / valorisation des mythes, des croyances et des rites africains tout en les mettant en dialogue critique avec l'univers symbolique chrétien. Ainsi, l'ontologie de la domination moderne est court-circuitée par le référent africain. À la différence de la posture philosophique de Levinas (1971) partant de la mystique et de la tradition juive pour dénoncer l'ontologie violente de l'Occident, il se remplit de la densité métaphysique africaine (Mezilas, 2011) pour échapper à la modernité coloniale.

Cette densité métaphysique africaine lui est rendue possible par la mémoire comme force de reconstruction du passé ancestral. Il s'agit pour lui de revivifier le paganisme et l'animisme africain dans un contexte rempli de références chrétiennes. Si Glissant souligne que l'esclave était un migrant nu, il ne l'était pas spirituellement et symboliquement. C'est pourquoi Roger Bastide (1967: 29) affirme que les bateaux négriers ne transportaient pas seulement des hommes, des femmes et enfants, mais aussi leurs dieux, leurs croyances et leur folklore. Ces gens allaient peupler le nouveau continent de leurs imaginaires ancestraux.

Ainsi, la mémoire fonctionnait comme une machine symbolique à produire de nouvelles interprétations de la réalité coloniale et à fissurer ses murs de répression et de violence symbolique. Cette mémoire n'était pas individuelle, mais plutôt collective. Elle renvoyait à un ensemble de représentations, de mythes et de croyances longuement sédimentés au cours du temps.

La puissance symbolique de cette mémoire rejetait sans le savoir les bases ontologiques de la modernité occidentale, qui a remis en question l'autorité du passé et de la tradition. La modernité remet en question la transcendance, la tradition et l'autorité.

Par contre, ce qui se produit avec l'émergence du vodou comment cosmogonie de la libération, ce n'est pas le refus de la transcendance ou ce que Marcel Gauchet (2005) appelle la "dette du sens", mais plutôt le recours à la tradition, aux cosmogonies ancestrales pour faire face à la réalité coloniale. Les esclaves comme sujet collectif face à un système oppressif sont mus par l'imaginaire, produit de leur inconscient culturel. Le cogito cartésien ne tient plus dans ce cas. Ce n'est pas le moi qui est premier, mais plutôt le communautaire, le nous, le collectif. Cette communauté partage un imaginaire collectif qui structure ses actions.

Aussi, l'une des caractéristiques de cette contre-modernité inhérente au vodou, c'est la primauté du « nous » sur le « je » et non l'inverse. Hegel considère que le principe essentiel de la modernité est la subjectivité, laquelle repose sur quatre éléments selon Habermas (1988): l'individualisme, le droit à la critique, l'autonomie de l'action et la philosophie idéaliste. Les évènements marquants de cette modernité sont: la Réforme, Les Lumières et la Révolution française. La Réforme affirme la supériorité du sujet face à l'autorité de la prédication et de la tradition. La deuxième instaure la critique de toutes formes d'autorité. La troisième inaugure un nouveau sujet politique, la nation souveraine contre la monarchie de droit divin.

Par contre, la puissance du vodou est qu'il repose sur l'autorité de la tradition, mais une tradition qui dialogue avec d'autres en présence dans le contexte colonial. Par ailleurs, il s'agit d'une tradition qui libère et non d'une tradition qui opprime. Ce qui justifie notre concept de cosmogonie de libération. Aussi, le vodou surgit comme contre-religion, contre-croyance, refus de l'ordre hégémonique colonial. Il traduit la lutte des classes qui se livre symboliquement entre les maîtres et les esclaves.

Ses manifestations symboliques, à travers la musique, les chants et la danse témoignent de cet antagonisme de classes. Il met en évidence la lutte des opprimés contre l'ordre établi. C'est une religion de contestation, pour utiliser une expression de l'anthropologue italien Lombardi Satriani (1978). Cet auteur montre le caractère subalterne et critique du folklore en référence à l'Italie. Il souligne que le folklore est contestataire vis-à-vis de la culture officielle.

C'est cette contestation de l'oppression matérielle, symbolique et politique qui donne lieu à la cosmogonie de la libération au cœur du vodou haïtien. Aussi convient-il de la caractériser en mettant l'accent sur un certain nombre d'éléments.

D'abord voyons la question du sujet. Il s'agit d'un sujet collectif, et non individuel. Même si Mackandal joue un rôle non moins essentiel dans la constitution du vodou, il se présente comme un personnage collectif. Il appartient à une dynamique de résistance sociale dont le noyau dur est occupé par ce que l'on peut appeler le bloc sociohistorique des opprimés.

Ce sujet collectif, du point de vue de l'imaginaire colonial, n'a aucun statut juridique, social et politique. Il est un bien meuble. Il arrive dans l'espace colonial sans identité ontologique, au regard de l'ordre existant. Le Code Noir de 1685 prévoit qu'il faut les baptiser après qu'ils débarquent dans la colonie. C'est la non-reconnaissance de leur identité religieuse traditionnelle. Ils sont donc des êtres nus.

Cependant, ce sujet collectif dit non comme l'homme révolté d'Albert Camus (1985); ils se révoltent contre l'ordre injuste basé sur le racisme, la discrimination et l'exploitation. En tant que sujet collectif, il s'apparente à la dialectique du maitre et de l'esclave de Hegel. Il doit lutter pour se libérer de sa situation de domination. La liberté ne peut s'atteindre qu'au prix d'un risque à mort.

Il peut être aussi comparé au prolétariat dont parle Karl Marx. Il est victime de l'aliénation et de l'exploitation. Son rapport au système existant est de pure négation. Grâce à sa conscience de classe, Il sait que la réalité coloniale se construit sur des valeurs qui ne reconnaissent pas son altérité culturelle et religieuse. Cette conscience de classe lui permet de se mobiliser en vue de renverser le système hégémonique. Le renversement de ce système est d'autant plus nécessaire qu'il l'affecte matériellement, symboliquement et psychiquement.

L'esclave ne jouit pas du produit de son travail. Il en est extérieur. Il produit tout pour le maitre qui lui nie l'humanité. Autrement dit, le système colonial est plus qu'une "société du mépris", au sens d'Axel Honneth (2008).Chez ce dernier, le mépris surgit quand la reconnaissance est niée, et que l'acteur se voit obligé de recourir à des formes de lutte. À la différence du modèle communicationnel de Jürgen Habermas (1988) basé sur l'entente, Honneth (2000; Hunyadi, 2014) évoque l'idée de lutte pour la reconnaissance au cœur du social. Ce schéma est différent de la perspective de la cosmogonie de la libération, puisque l'acteur n'est pas seulement non reconnu par le système existant, il est considéré comme ontologiquement inférieur et infrahumain. En plus, dans la théorie de la reconnaissance de Honneth, le point de départ est la subjectivité et ne prend pas en considération l'idée du nous comme sujet collectif. Dans le sillage hégélien, il prend la défense du libéralisme individualiste. Dans la perspective de la cosmogonie de la libération, le sujet est collectif, il est solidaire des autres; ce n'est pas le sujet cartésien, enfermé sur lui-même; ou le sujet freudien, déterminé par les forces de l'inconscient; ou le sujet marxiste déterminé par les rapports sociaux de production. C'est un sujet en relation avec d'autres sujets, porteur d'une mémoire collective qui le met en relation avec la collectivité. Ce n'est pas qu'il y ait étouffement du "je", mais plutôt il est solidaire des autres, lesquels se trouvent dans une même situation de rejet ontologique que lui.

Ce qui entraîne que le sujet collectif de la cosmogonie de la libération ne lutte pas pour sa reconnaissance par le système, mais vise surtout son renversement radical. Il doit détruire - comme le prolétariat de Marx (1994) - l'ordre existant. C'est un sujet doté d'une puissance de négativité. Il dit non au statu quo et cherche sa transformation radicale. Son rejet de l'ordre existant surgit d'un désir d'échapper à ses pratiques humiliantes et aliénantes.

Ce sujet collectif rejette ainsi le système des valeurs hégémoniques. C'est là qu'il rompt avec la logique de l'ordre existant. Il y a une puissance de négativité au cœur de la cosmogonie de la libération. Cette négativité nait du désir d'affirmer une humanité niée et non reconnue par l'ordre existant. La vitalité et la puissance de l'imaginaire africain échappent aux caprices de l'ordre existant pour se construire une autre forme de loyauté, inscrite dans une logique contestataire vis-à-vis du réel colonial.

La négativité de la cosmogonie de la libération n'implique pas la non reconnaissance de l'humanité de ceux qui défendent l'ordre colonial, mais il s'agit du refus de cet ordre en vue de parvenir à sa transformation.

De là naît un autre trait fondamental de la cosmogonie de la libération: opposition à l'imaginaire colonial. L'imaginaire colonial repose sur un ensemble de représentations, de perceptions visant à discréditer, déshumaniser et inférioriser l'esclave.

L'humanisme africain nourrit l'imaginaire collectif de l'esclave vis-à-vis de l'ordre existant. Il s'agit d'un humanisme inclusif et non exclusif. Il repose sur l'ouverture à l'Autre. Cet humanisme est afrocentrique et non afrocentriste. Expliquons-le.

L'afrocentricité du vodou signifie que l'Afrique est au cœur de l'imaginaire de l'esclave, ce qui va le porter à créer le système vodou, mais ce dernier n'est pas fermé. Aussi, le vodou a une centralité non totalitaire, non centralisatrice. Il n'est pas fermé sur lui-même, alors que l'Afrique demeure son "potomitan", c'est-à-dire, son centre de gravité ontologique et anthropologique.

La reconnaissance de l'Autre dans l'humanisme africain présent dans le vodou entraîne l'ouverture à la pluralité. Cette pluralité surgit d'une condition sociale marginale subalterne. Il est la figure de l'Autre dans l'espace colonial, mais en même temps, il représente le supplément, l'événement, ce qui était hors structure, ce que l'ordre existant ne pouvait pas contenir et contrôler.

Le rapport entre le Vodou et la réalité coloniale était surtout basé sur une extériorité symbolique, métaphysique et éthique voilée, pour éviter son rejet immédiat par l'ordre hégémonique. Grâce aux danses et aux chants, il se manifestait comme des stratégies de survie et des formes de marronnage culturel. De là sa force, sa vitalité symbolique.

Aussi, l'ordre existant colonial n'arrivait pas facilement à détecter la capacité de subversion radicale de l'esclave imprégné de la force vitale cosmogonique. On laissait l'esclave danser pour rentabiliser la récolte, mais pourtant sous le couvert de ce défoulement s'organisait la plus radicale subversion jamais observée dans l'histoire humaine. Une telle capacité de symboliser, de ritualiser permettait au vodou de construire son système de défense au-delà des codes et des canons existants.

Pour mieux se consolider et se perpétuer, la cosmogonie de la libération se déploie dans un espace échappant à l'ordre colonial. Il s'agit d'un espace social subalterne, horizontal, contre-hégémonique: le marronnage.

Le marronnage est la contre-société des opprimés en rébellion métaphysique, éthique et politique. Ce qui cimente le lien social du marronnage, ce n'est pas le cogito mais plutôt l'imaginaire africain. Les croyances ancestrales cimentent les relations sociales et orientent l'action de la communauté des rebelles. Dans la pensée moderne, l'individu est ce qui institue l'ordre social : c'est le remplacement de l'établissement divin par l'établissement humain. C'est la raison qui institue le social. Habermas souligne comment la raison, la subjectivité se manifeste sur le plan public et privé. C'est elle qui structure l'ordre politique.

Alors qu'au sein du marronnage, c'est le "nous" qui s'organise selon les valeurs ancestrales pour chambarder l'ordre colonial raciste. Le marronnage constitue donc une ré-humanisation, un espace dans lequel l'individu se remplit des ancêtres, des traditions pour affronter la domination coloniale.

Le marronnage comme contre-société des subalternes est traversé par le sacré. Son temps et son espace sont de l'ordre du symbolique en lutte constante contre l'ordre hégémonique existant. Le temps est traversé par l'imaginaire cosmogonique rebelle et indocile.

Le temps du marronnage lutte contre le temps de la colonie, de l'exploitation, de l'esclave. Ce temps se fait alimenter par le sacré contestataire, qui ne se réfugie pas dans les limbes du surnaturel pour remettre en question le quotidien. Le temps sacré du marronnage devient un temps contre-hégémonique.

Ce temps est dynamique et n'est pas fixe. Il cherche à construire un ordre social. C'est dire que l'esclave, en recourant à ses mythes ancestraux, ne vise à pas à se perdre dans un passé nostalgique. Il y puise pour déconstruire, délégitimer, défaire la logique de l'ordre existant.

L'anthropologie coloniale parle de sociétés traditionnelles pour les différentier voire les opposer aux sociétés dites historiques, lesquelles sont dotées de la capacité d'agir sur elle-même. Alors que les premières ne le peuvent pas. Ce sont des sociétés primitives caractérisées par la fixité et l'immutabilité. Ce sont des sociétés stables. On considère que "ces sociétés se reproduiraient sans variations majeures, parce que l'homme ne les utilise pas afin de s'approprier la nature et qu'il n'y a pas pris conscience de sa capacité de les transformer", (Balandier, 1985: 203-204). Ainsi, on considère que ces sociétés sont sans histoire. Balandier évoque, en l'occurrence, la position de Levi-Bruhl, pour qui ce sont des sociétés qui sont réticentes au changement, incapables de transformer leur réalité sociale.

À l'opposé d'une telle vision, le temps de l'esclave s'inscrit dans un registre du changement, de la nécessité de transformer l'ordre social existant. Les mythes ne poussent pas au conservatisme, à la fixité, mais plutôt au désir irréfragable du changement. Ce temps porte un concept d'histoire, non inscrit dans le statu quo.

La conscience temporelle de l'esclave au sein du marronnage est surdéterminée par la quête de la nouveauté, de la créativité devant conduire à une ère nouvelle, opposée à la logique coloniale. Le marronnage constitue donc une forme de contre-organisation sociale basée sur une vision du temps indocile et réfractaire au contexte colonial.

Ce qui caractérise le marronnage est d'abord la logique du semblable. Le rapport entre soi et l'autre est un rapport humain et non déshumanisant, comme l'est l'ordre colonial. Il y a une vision de l'humanité qui ne se retrouve pas dans la société coloniale. En permettant la construction d'une nouvelle humanité, le marronnage représente une forme de revitalisation, d'humanisation, etc. Il crée un rapport d'humanité dans un contexte d'inhumanité.

Cet humanisme, présent dans le marronnage, n'est pas sectaire ni eurocentrique comme l'est l'humanisme moderne. Ce dernier, en proclamant la libération de l'homme et la subjectivité humaine libre des entraves de la tradition et de l'autorité, se limitait à l'Europe et ne prenait pas en considération l'altérité noire et indigène. L'humanisme du marronnage est cosmopolite, non dans le sens kantien du terme, mais plutôt dans une perspective décoloniale. L'humanisme décolonial se construit sur la dialectique des mémoires souffrantes et blessées. C'est un humanisme transversal, transmoderne (qui inclut le soi et l'autre), pluriel, démocratique et ouvert. Il est aussi postoccidental, en ce qu'il renvoie à une logique où l'autre est valorisé et respecté.

Un autre trait fondamental de la cosmogonie de la libération est l'idée de dignité dépassant toute vision raciale et ethnique. C'est pourquoi elle est traversée par une pluralité d'imaginaires et d'identités en relation.

L'idée de dignité humaine est un élément central de la cosmogonie de la libération. C'est au nom de la dignité humaine que l'esclave se révoltait et remettait en question l'ordre colonial infrahumain. C'est dire que ce qui définit d'abord l'homme, ce n'est pas le souci (en allemand,

Sorge), comme le dit Martin Heidegger, ou le travail social, comme le dit Karl Marx, mais plutôt la dignité. Cela veut dire que l'homme est une fin et non un moyen, qu'il y a en lui une valeur à respecter, à prendre en considération.

Marx critique le capitalisme parce qu'il aliène le travailleur, en tant que système d'exploitation. Ce dernier est étranger à lui-même dans le processus du travail. Il perd tout contrôle sur le produit de son activité. Il y a une dimension éthique dans la critique marxiste du capitalisme. On retrouve cette dimension critique dans la cosmogonie de la libération, mais son message ne s'adresse pas à un prolétariat mais à tous ceux-là qui sont persécutés et humiliés.

La dimension éthique de la cosmogonie de la libération lui permet de critiquer sans réserve l'universalité hégémonique et unidimensionnelle de la modernité. Cette éthique peut servir à mieux repenser les questions de diversité, de pluralité culturelle et d'universalité.

Par exemple, l'une des questions en vogue à l'heure actuelle porte sur le multiculturalisme, traversé par la tension entre l'universalisme et le particularisme dans le cadre du vivre-ensemble social. Le multiculturalisme est surtout lié au problème des minorités nationales et à l'arrivée des immigrants dans les pays d'accueil. La question multiculturelle soulève le rapport entre l'universalité et la particularité. La pluralité culturelle et ethnique réfère aussi à la pluralité des visions du bien dans l'espace public. Et l'existence des minorités nationales pose la question de la reconnaissance de la diversité culturelle, linguistique et ethnique.

Face à de telles questions, l'éthique vodou de l'altérité et de la tolérance constitue une méthode d'action et de pensée. Elle permet de penser la relation entre les imaginaires, les religions, les ethnies, les langues sans arriver à la fragmentation sociale et politique. Il s'agit de penser l'ordre social sur la base de la pluralité analogique, interculturelle, relationnelle et dialogique. Ainsi, la cosmogonie de la libération inhérente au vodou invite à dépasser les heurts, le choc des identités, des imaginaires et des traditions culturelles pour saisir la transversalité des valeurs mises en relation.

Par ailleurs, la cosmogonie de la libération permet de reconstruire l'idée de raison, au-delà de ses références hégémoniques modernes. Il s'agit d'une raison qui valorise la pluralité, la complexité et l'hétérogénéité. Cela conduit à une vision plurielle de l'identité et de l'universalité. Ce nouveau concept de raison signifie que ce qui est important ce n'est l'idée d'identité ou de totalité fermée, mais plutôt une vision transversale du réel.

Cela entraîne que la cosmogonie de la libération affronte directement les visions hégémoniques de la raison moderne. Cette raison s'est trouvée transformée et reconstruite. D'où la contra-modernité inhérente à la cosmogonie de la libération.

L'idée de contra-modernité signifie que les prétentions ethnocentriques de la modernité sont contrées par une vision alternative, faite de pluralité, de complexité, d'ouverture et transversalité. Le caractère subalterne de cette vision entraîne que la cosmogonie de la libération ne saurait avoir de visée impérialiste, hégémonique et totalitaire. Sa logique s'inscrit dans une dynamique de reconnaissance de l'altérité et de la pluralité.

La structure de la cosmogonie de la libération est donc éthique, en ce qu'elle est constituée par l'Autre dans une dialectique d'ouverture. L'éthique de l'Autre signifie que la cosmogonie de la libération n'a aucune volonté assimilatrice et impérialiste. Sa pluralité interne et sa capacité d'ouverture à l'Autre fondent sa contre-modernité critique.

D'où aussi sa dimension post-raciale. Dans son ouverture à l'Autre, la cosmogonie de la libération remet en question la colonialité des relations sociales basé sur l'idée de race et de couleur. Le brassage des imaginaires et des identités se fait dans un contexte non contaminé par les idées raciales et racistes.

Il s'agit donc d'une logique qui va au-delà de la modernité de type eurocentrique. Dans cette modernité, l'idée de race constitue un noyau vital qui permet de classifier les populations du globe. D'où le racisme affiché envers les noirs, les métisses, les indigènes de l'Amérique. C'est la raison pour laquelle le philosophe camerounais, Achille Mbembe (2013), parle de la raison nègre, formée d'un ensemble de préjugés, d'idées reçues contre le noir.

L'un des débats et polémiques sur le Nouveau Monde portait sur la nature et l'essence des habitants du continent. Les Européens doutaient de l'humanité des aborigènes de l'Amérique. Puis, avec l'arrivée des Africains, le racisme se renforçait et c'était déjà la structure raciste de la colonisation qui se mettait en place.

Contre une telle perspective, la cosmogonie de la libération s'inscrit en faux et ouvre un nouvel horizon de compréhension mutuelle. Par-là, elle porte dans sein l'option décoloniale dont parle Mignolo (2015), laquelle consiste à aller au-delà des références modernes marquées par la hiérarchie raciale, le rejet de l'Autre, de sa culture et sa tradition, etc. L'option décoloniale suppose la décolonisation de l'être, du savoir et du pouvoir (Restrepo, Rojas, 2010; Castro-Gómez, Grosfoguel, 2007). Il s'agit de se libérer de l'imaginaire moderne.

Par ailleurs, la cosmogonie de la libération met en relation le particulier et l'universel pour parvenir à un monde en commun basé sur la pluralité et la diversité. Elle s'éloigne de l'universalité des Lumières incapable de prendre en compte le particulier et de la particularité fermée du romantisme, incapable de penser l'universel.

Le sens de l'universel et du particulier de la cosmogonie de la libération lui permet de jeter des ponts entre des espaces distants en vue de rendre possible la coexistence pacifique ou le vivre-ensemble. Cette dialectique du particulier et de l'universel échappe à la fragmentation et l'atomisation du social. Ce dernier est le lieu de l'échange, du dialogue et de l'intercommunication.

Ce dialogue entre les identités et les imaginaires ne cherche pas un tronc commun, un terrain d'entente pour faire disparaitre les différences. Au contraire, il féconde les différences tout en les mettant dans une dynamique d'interaction ouverte.

L'absence de genèse unique qui caractérise les éléments en relation les prive de toute vision impérialiste ou hégémonique. Ainsi, la question de l'intersubjectivité devient essentielle et constitue la base de la reconnaissance de l'Autre. Dans ce sens, la contre-modernité de la cosmogonie de la libération saute aux yeux. Elle rend possibles la visibilité de l'Autre et l'expression de sa particularité et de son originalité.

L'idée de contre-modernité ne vise pas un affrontement avec la modernité. Ce n'est pas non plus une perspective postmoderne, mais plutôt une critique du caractère colonial de la modernité et la libération de ceux qui avaient été soumis, dominés, rejetés et humiliés par la modernité. La notion de libération a donc une dimension éthique, métaphysique, symbolique, politique, etc. Elle libère l'Autre de l'oppression symbolique du Même et de sa volonté de domination.

Par ailleurs, il convient de souligner que dans son essence et sa radicalité, la cosmogonie de la libération se présente comme une philosophie de l'histoire postoccidentale, en ce qu'elle remet en question les prémisses idéologiques inhérentes à la modernité.

Toutes les philosophies modernes de l'histoire s'inscrivent dans la vision de la temporalité et de l'historicité propre à l'Occident. Ce dernier est placé au centre de l'évolution historique et les autres cultures et traditions se situent dans la périphérie.

Le cogito cartésien marque le triomphe de la subjectivité européenne moderne. Pour sa part, la phénoménologie de l'esprit de Hegel montre la marche de l'esprit européen vers l'autoconscience de soi et la connaissance absolue. L'anthropologie des races de Kant met à nu la supériorité de la race blanche sur les autres. Sa disqualification de l'Africain est sans conteste.

La pensée de l'histoire de Marx, centrée la lutte des classes et incarnée par la lutte antagonique entre la bourgeoisie et le prolétariat, révèle la vision téléologique de l'histoire construite dans une perspective occidentale.

La théorie de la rationalité de Max Weber met l'emphase sur la supériorité de l'Occident sur les autres civilisations. De même, la critique de la raison instrumentale de l'Ecole de Francfort participe de la philosophie eurocentrique de l'histoire. La critique de la culture chez Friedrich Nietzsche ne fait pas exception, non plus.

La déconstruction de la pensée occidentale, chez Martin Heidegger, Michel Foucault, Gilles Deleuze, Jacques Derrida, Jean-François Lyotard, etc. forme un ensemble de visions de la culture moderne avec comme son centre hégémonique en Occident.

Ainsi donc, que ce soit dans les sciences sociales ou les humanités, on trouve une idée centrale: l'Occident comme le noyau dur de l'histoire universelle. La crise de la raison occidentale que plusieurs auteurs analysent vise avant tout à sauver cette raison, comme c'est le cas manifeste chez

Jürgen Habermas, les théoriciens de l'École de Francfort, etc.

Depuis la modernité, l'Occident se donne le privilège épistémique de raconter de raconter l'histoire universelle à partir de sa particularité, en l'occultant délibérément. Mignolo (2003) souligne que depuis 1500 une histoire locale (Occident) se considère comme le point d'arrivée de l'histoire universelle. Aussi, tout se soumettait à la volonté de puissance occidentale.

Pour sa part, Dipesh Chakrabarty (2004) souligne comment l'Europe universalise sa particularité. À partir de Gadamer, il soutient que l'universalité porte dans son sein les traces de ses préjugés, en ce sens que l'universel est l'expression hégémonique du particulier, et qu'il y a toujours des histoires particulières inscrites qui se trouvent au centre des desseins universels. À ce titre, provincialiser l'Europe consiste à montrer qu'elle est une histoire particulière. Il s'agit aussi de montrer dans quel sens les idées européennes qui étaient universelles, étaient aussi en même temps tirées des traditions historiques et intellectuelles particulières.

Contre la vision hégémonique occidentale de l'universalité et de la philosophie de l'histoire, la cosmogonie de la libération invite à penser l'histoire comme un espace d'universalité où toutes les particularités ont leur droit de cité. Il s'agit d'une philosophie de l'histoire subalterne, contre-hégémonique et portée par la pluralité des voix et des sujets qui ont été pendant longtemps marginalisés et exclus.

La cosmogonie de la libération montre que l'hégémonie occidentale arrive à sa fin, et qu'il convient de penser la réalité mondiale actuelle par la participation des toutes les histoires particulières.

TROISIÈME PARTIE :
COSMOGONIE DE LA LIBERATION ET PENSÉE PHILOSOPHIQUE

Philosophie de la libération

La philosophie de la libération est née dans un contexte d'effervescence théorique, politique et culturelle en Amérique latine: les années 1970 (Cerutti, 1992). Elle se trouve au carrefour d'autres courants de pensée critique, comme la théorie de la dépendance (Mezilas, 2013), la théologie de la libération (Gutierrez, 1987), la pédagogie de l'opprimé (2015), la pensée économique de la CEPAL (Mezilas, 2013), etc. Elle a su tirer parti de la théologie de la libération pour enrichir le discours philosophique latino-américain dont les débats sur son existence dominait la fin des années 1960 (Zea, 1969; Bondy, 1968). Elle a aussi été influencée par son contexte historique latino-américain et sa grande tradition de remise en question de l'hégémonie occidentale.

D'abord, la révolution cubaine de 1959. Cette révolution fut un changement politique, idéologique radical de la région en mettant l'accent sur la lutte de libération nationale. Elle allait transformer substantiellement la vision idéologique du changement social de la région. Par ailleurs, la philosophie de la libération a été influencée par le retour du populisme en Argentine en 1971, les mouvements populaires qui s'affirmaient en Amérique latine, la critique de l'eurocentrisme, la domination culturelle de la région, etc.

D'abord présentons le contexte international et les courants de pensée qui ont influencé la philosophie de la libération.

La philosophie de la libération est héritière des mouvements liés à la critique de la pensée moderne comme la philosophie d'Emmanuel Levinas que nous évoquerons plus loin, au regard de sa critique de la philosophie occidentale en référence à la question de l'altérité. Elle est aussi héritière du mouvement des étudiants de mai 1968 par sa critique de l'ordre traditionnel.

La première École de Francfort l'a beaucoup influencé par la critique matérielle qu'elle a faite de la modernité en s'inspirant de la pensée marxiste. En plus, elle a fait siennes certaines catégories de Marx, de Freud, de l'herméneutique de Paul Ricœur. La pensée de Frantz Fanon l'a beaucoup influencée en ce qui concerne l'idée de libération, de révolution et de la critique de la modernité coloniale. Les mouvements de libération, de décolonisation autour des années 1960 ont aussi joué un rôle essentiel dans la philosophie de la libération.

Autrement dit, ce courant philosophique ne naît pas par génération spontanée. Son contexte historique culturel lui permet d'enrichir sa problématique critique en ce qui concerne la remise en question de l'universalité occidentale et de l'eurocentrisme en vue de parvenir à l'affirmation d'une pensée philosophique autonome.

Comme l'ensemble de la pensée critique en Amérique latine (Mezilas, 2014a: 52), la philosophie de la libération soulève la question du lieu d'énonciation du discours théorique et conceptuel vis-à-vis de la tradition occidentale. Horacio Cerutti (2000) révèle que penser la réalité latino-américaine a toujours été le propre de la philosophie de la région. Cette tradition s'est consolidée dans les années 1940-50, quand on commençait à faire l'histoire des idées. Cependant il va plus loin pour signaler que depuis l'époque coloniale on essayait de penser la réalité. Les chroniqueurs et le travail des jésuites allaient dans ce sens. La conscience créole était liée à la nécessité de penser originalement cette réalité. Au XIXe siècle, signale Cerutti, les efforts pour penser originalement la réalité latino-américaine de Simon Bolivar, de Domingo Sarmiento, d'Andrés Bello, etc. étaient paradigmatiques. Aussi, saisir la réalité de cette région dans la perspective critique fait partie de la tradition philosophique latino-américaine.

Ce qui caractérise la philosophie de la libération est l'affirmation de la subjectivité philosophique latino-américaine. On dirait qu'il s'agit de l'affirmation de la périphérie philosophique face à la centralité hégémonique occidentale.

Ainsi, penser la réalité latino-américaine soulève la question de l'autonomie du sujet qui la pense. Il s'agit d'une question qui renvoie à l'identité du discours philosophique. En général, le discours philosophique est porté par l'universalité occidentale, en ce que toute pensée est traversée par l'imaginaire eurocentrique de la modernité.

Penser philosophiquement la réalité latino-américaine présuppose aussi un discours sur l'autonomie de cette pensée, c'est-à-dire, analyser les conditions de possibilité de cette pensée à penser originalement la réalité. Il ne s'agit pas d'un jeu de mots, mais plutôt d'une expérience herméneutique à laquelle fait face le philosophe latino-américain. Il s'agit de penser la réalité au-delà des canons conceptuels occidentaux. Ce qui revient à se libérer des prénotions et de l'imaginaire occidental.

De cette manière, la philosophie de la libération va soulever radicalement la question du lieu d'énonciation. D'où Enrique Dussel (1983) met en relation philosophie et géopolitique. La dialectique entre philosophie et géopolitique signifie que le discours philosophique présuppose son contexte d'émergence et d´énonciation. Il s'agit d'une philosophie qui naît de la différence coloniale et prend en compte la perspective des peuples dominés et soumis par la modernité hégémonique (Dussel, 2007; 2009; 2009a). La philosophie de la libération présuppose donc une identité historique et culturelle.

Dans ce sens, elle pose fondamentalement un problème épistémique vis-à-vis de l'impérialisme culturel moderne. Elle veut échapper à la gangue eurocentrique et à toutes formes d'orientalisme, en n'essayant pas de reproduire l'imaginaire eurocentrique.

Raúl Fournet Betancourt (1992) souligne que la philosophie de la libération contient deux axes thématiques: la critique de l'eurocentrisme, de l'ontologie coloniale, de l'universalisme occidental; puis la praxis de libération comme sujet collectif.

Quant au premier thème, il fait partie du paysage théorique et épistémique de la région. C'est pourquoi les débats sur la philosophie en Amérique latine des années 1940-60 ont largement été traversés par cette question.

La remise en question de l'eurocentrisme fait surgir le problème de l'authenticité, de la validité et de la légitimité du discours philosophique en Amérique latine. On s'interroge sur l'essence du discours philosophique vis-à-vis de la tradition occidentale. Ainsi, l'idée de philosophie ne va pas de soi; elle pose la question de son authenticité. C'est une question qui soulève un certain doute, une certaine inquiétude sur l'acte de philosopher. Il s'agit de s'assurer que l'acte de philosopher ne reproduit pas les schèmes de l'eurocentrisme mis à mal par la pensée critique latino-américaine.

L'idée de s'interroger sur l'acte de philosopher cherche à contextualiser le discours philosophique et à le libérer de l'influence occidentale. Le doute sur l'acte de philosopher surgit donc du désir de parvenir à l'autonomie et à la désaliénation mentale.

La philosophie de la libération, au début, était traversée par deux grands courants: le courant marxiste et le courant de la culture populaire. Mais les deux visent la libération du discours philosophique.

Ce courant philosophique naît en Argentine autour des années 1970 puis se répand en Amérique latine. Le terme de libération s'oppose à la dépendance et à l'oppression et vise donc la libération humaine totale (dans le sens politique, économique, social culture, etc.). Les tenants de ce courant en Argentine sont Enrique, Dussel, Rodolfo Kusch, Arturo Andrés Roig, Juan Carlos Scannone, Mario Casalla, Aníbal Fornari, Oswald Ardiles, Julio De Zan, Horacio Cerutti Guldberg, etc.

Il s'agit de penser la libération de la région à partir du pauvre, de l'opprimé, de son altérité éthico-historique: c'est son lieu herméneutique de compréhension du réel latino-américain. C'est son sujet mobilisateur et non le cogito de type cartésien. Avec la figure de l'opprimé, la philosophie de la libération entreprend une relecture de la philosophie occidentale, identifiée à une philosophie de domination.

La figure de l'autre (pauvre) n'est pas saisie seulement du point de vue éthique (comme chez Levinas), mais du point de vue social, structurel, conflictuel et politique. Tout en s'inspirant de la phénoménologie éthique de Levinas, la philosophie de la libération la dépasse par le contexte latino-américain (Dussel, 2009).

Ce courant philosophique allait connaitre une impulsion en Amérique latine avec congrès qui a eu lieu à Morelia (Mexique) en 1973 (Roig, 1981). Les participants ont adopté une déclaration sous le titre: "Déclaration de Morelia: Philosophie et indépendance". Il considère que la philosophie devrait contribuer à la libération, à la fin de la dépendance et de la domination inhérentes à la tradition occidentale.

Dans l'actualité, l'un des auteurs les plus représentatifs de la philosophie de la libération est Enrique Dussel, philosophe mexicano-argentin. Influencé par les philosophies de Heidegger et de Levinas, il dépasse la tradition occidentale par la détermination géopolitique de sa philosophie, à savoir la réalité latino-américaine. Pour lui, la philosophie occidentale est une philosophie de la domination; elle s'inscrit dans la logique de la totalité telle que le conceptualise Levinas.

Selon lui, l'Occident construit un vaste discours totalitaire sur l'autre en vue de le dominer. Ainsi, l'Amérique latine est l'autre visage de la modernité, un visage nié, dominé, exploité. L'autre dans la pensée occidentale est le pauvre, le colonisé, l'exploité, le dominé. Il est soumis à la logique de la totalité. Il s'agit, dit Dussel (1983: 94), d'une logique assassine. L'Occident représente l'être, et l'autre, le non-être. Le non-être est le colonisé, le barbare, le non-chrétien. Il est défini en fonction de la totalité. Dans la perspective occidentale, l'autre est l'objet de connaissance sur lequel s'exerce son pouvoir.

Cependant, face à la totalité existe l'extériorité. C'est à partir d'elle que la philosophie de la libération se construit. Dussel écrit: "la métaphysique de l'altérité ou philosophie de la libération est de savoir penser le monde à partir de l'extériorité allitérative de l'autre." Ce qui fait que la philosophie de la libération est une philosophie de la misère, qui pense le monde à partir de l'extériorité de la totalité. Sa construction de la libération vise à déconstruire la philosophie politique moderne occidentale, laquelle ne prend pas en considération les autres expériences culturelles et les autres philosophies (Dussel, 2007; 2009).

En référence à la cosmogonie de la libération, il est clair que la philosophie de la libération a des liens voisins et rapprochés. Notre idée de cosmogonie de la libération signifie que nous portons des imaginaires, des croyances et des traces culturelles pour élaborer un système de pensée critique, et non de catégories, de concepts comme le fait la philosophie de la libération.

Chez les deux, il y a une critique de la modernité, de l'universalité hégémonique occidentale. Elles cherchent la libération des cultures, des traditions et des imaginaires (Dussel, 2006)), pour en faire des vecteurs de communication et d'échange.

Postmodernité

La pensée postmoderne connait sa fortune notamment avec l'œuvre de Jean François Lyotard (1998), et le philosophe italien Gianni Vattimo (1987) en fait des analyses de grande envergure. Ce qui est commun à la pensée postmoderne est ce que Lyotard appelle la fin des grands récits, la crise de toute pensée de fondement caractéristique de la modernité, la fin de l'universalisme moderne, l'affirmation des petits récits. En langage d'un historien indien, on dirait qu'avec la postmodernité, on parvient à la provincialisation de l'Europe. Elle cesse d'être le centre de l'histoire.

En relation avec la cosmogonie de la libération, la pensée postmoderne présente des affinités, même si des distances temporelles et spatiales les séparent. Les deux mettent en question selon des paradigmes et des références différentes la modernité, son universalité, sa vision de l'autre, de la culture, de la civilisation, du savoir, de l'histoire. Chez elles, il y a une remise en question des idéologies universalistes. Ainsi, la réflexion sur la postmodernité permet de saisir l'anticipation critique de la cosmogonie de la libération. Retraçons d'abord la généalogie du terme postmoderne.

Diego Bermejo (2005: 129) retrace de façon succincte le terme postmoderne. Il a été employé pour la première fois par John Walking Charpman en 1870 dans le champ de la peinture pour désigner une œuvre postimpressioniste. En 1917, Rudolf Pannwitz l'utilisait dans le domaine culturel, en parlant de l'homme postmoderne comme étant un mélange d'homme décadent et d'homme barbare, surgi de la décadence, du nihilisme et de la révolution. Frederic Oniz l'employait en référence à la littérature hispano-américaine, comme étant une période entre un modernisme modéré (1896-1905) et un deuxième modernisme avancé (1905-1914); Arnold Toynbee en faisait usage dans le champ de la politique, pour mentionner la culture actuelle surgie de 1875 caractérisée par la transition d'une pensée nationaliste à une pensée d'interaction globale.

Dans les années 1960, le terme postmoderne désignait une catégorie définissant la culture et la société de notre temps. En 1959, Irving Howe l'employait pour différentier la grande littérature moderne (Yeats, Eliot, Pound et Joyce) d'une nouvelle littérature caractérisée par le manque d'innovation. En 1969, Leslie Fiedler et Susan Sonntag l'employaient pour lui donner un sens positif, en annonçant une nouvelle littérature qui transgresse les normes modernes, qui fusionne la grande et la petite culture. En 1968, Amitai Etzioni parlait de société postmoderne, pour montrer la fin de la société moderne suite à la Seconde Guerre mondiale. Pour lui, la société postmoderne se caractérise par l'affirmation des sujets qui agissaient de façon autonome, dynamique et plurielle face à la dictature de la raison instrumentale moderne. En 1975, Charles Jencks parlait d'architecture postmoderne pour mettre l'accent sur l'emploi d'un code multiple, où il y a une diversité de goûts et de visions par de la simultanéité des codes. Dans les domaines des arts plastiques, Bonn Achille Oliva en faisait usage en 1980 pour souligner un changement vis-à-vis des avant-gardes historiques de la première moitié du XXe siècle: renonciation à la fonction sociale de l'art et suprématie de l'individualisme. En philosophie, Jean-François Lyotard l'employait en 1979 pour critiquer le statut du savoir dans la société moderne avancée. Il s'agit d'une critique des fondements de la modernité.

Le philosophe colombien Santiago Castro-Gomez (1999) soutient qu'il y a quatre axes dans la pensée postmoderne: la fin de la modernité, de l'histoire, des utopies et la mort du sujet. Il souligne que le sujet cartésien ou le sujet collectif de Marx se place au centre de l'histoire. Mais avec la postmodernité, il s'agit d'une pluralité de sujets; ce qui donne lieu à une multiplicité de rationalités.

La postmodernité prend ainsi congé des idéologies du progrès, de la fin de l'histoire comme déploiement en vue d'une fin. C'est aussi la crise des pensées de fondement, la crise de la raison cartésienne déjà présente chez Marx et Freud. La postmodernité fait voir l'échec de toute pensée qui prétend saisir le réel par la référence à un fondement ultime. Toute référence absolue est frappée d'illégitimité. C'est la mort de Dieu, la fin des logiques totalitaires. La raison est devenue incapable de saisir la logique du réel car elle n'est plus la référence ultime (comme elle l'était au XVIIIe siècle). De même, on assiste à la crise de l'idée de progrès, à la dévalorisation des utopies. Cette crise des fondements se retrouve dans ces courants de pensée: postmarxisme, déconstruction, postcolonialisme, postindustriel, etc. Dans le marxisme classique, le fondement ultime de la réalité renvoie aux deux classes antagoniques: prolétariat et bourgeoisie. Les conflits sociaux tournent autour de cette équation bipolaire. Or le postmarxisme montre que la réalité sociale est traversée par une pluralité de conflits, de positions de sujet, d'antagonisme, lesquels sont toujours ouverts et contingents (Laclau, 2010).

De ce fait, la pensée acquiert un caractère évènementiel, contingent. Il lui est incapable d'offrir une vision totale du réel qui se fragmente et qui échappe à toute saisie systématique. D'où la primauté du langage. Encore chez Laclau, le discours a un rôle essentiel dans la construction et la représentation de la réalité sociale. C'est à travers le discours que se construit la signification du social. Ce dernier n'existe que par le discours qui le construit et le surdétermine. Ainsi, ce que l'on appelle réalité n'est qu'un "jeu de langage". Influencé par la philosophie du langage, Laclau montre le caractère performatif du discours, il concède sens et légitimité à la réalité sociale.

D'essence postmoderne, la philosophie politique de Laclau montre le caractère ouvert, contingent et conflictuel du réel. Tout discours est contingent et soumis à la dislocation en raison de l'hétérogénéité sociale. Chez Laclau, l'ordre social n'a pas de fondement ultime, car il est traversé par le conflit, l'ouverture et la contingence. Seul le politique, comme opération hégémonique, est capable de donner forme à cette réalité, mais cette forme est précaire et menacée toujours de dissolution. Pour cela, il souligne que toute identité sociale est relationnelle, parce que dépendante d'autres identités pour se construire et s'affirmer. Dans sa philosophie politique postmoderne, l'antagonisme rend visible la contingence de la structure sociale (García, 2015: 35). C'est la catégorie centrale de la politique chez Laclau.

Sa théorie politique repose sur le caractère toujours conflictuel de l'ordre social. Pour cela, Il soutient que la société est impossible, elle est toujours soumise à la dislocation et à la dispersion des forces antagoniques. À partir de la déconstruction de Jacques Derrida, il considère l'antagonisme comme une altérité, en tant qu'extérieur discursif. À la différence des philosophies libérales de Jürgen Habermas et de John Ralws visant à éliminer le conflit de l'espace public, il considère qu'il est l'essence de l'ordre politique. À la différence de Carl Schmitt, l'ennemi- que suppose l'antagonisme social- n'est pas physique, mais discursif et renvoie à un ordre démocratique, caractérisé par la pluralité. Ainsi, le postmarxisme de Laclau rejoint les problématiques de la postmodernité, en ce qui concerne le caractère fragmentaire, ouvert, contingent et hétérogène du réel.

Au regard de la postmodernité, Vattimo parle de la "pensée débile", pour souligner cette absence de fondement et la crise de la métaphysique occidentale, présente chez Nietzche et Heidegger. Dans son ouvrage classique - *La condition postmoderne* - Lyotard (1998) étudie la condition du savoir et dévoile son caractère fragmenté. Gilles Lipovetsky (1993) évoque "l'ère du vide". Ainsi, dans la perspective postmoderne, c'est l'inexistence de règles universelles liées aux idées du bien, du vrai, du juste et du beau. De cet fait, les suprêmes autorités comme Dieu, la Vérité, le Vrai sont tombées en désuétude.

Dans la philosophie de Derrida (1967), l'idée de déconstruction renvoie à la crise la métaphysique occidentale, la fin de l'idée de fondement. Il montre que la pensée philosophique occidentale se base sur l'idée de centre, liée à une forme immobile, un peint fixe, une essence immuable. Dans cette idéologie du centre, il s'établit une forme de hiérarchie et d'oppositions binaires.

Chez Vattimo (1987), on trouve une réflexion philosophique pertinente sur le postmoderne. Selon lui, l'idée de postmoderne revêt une signification, parce que la modernité a pris. Celle-ci a commencé au XVIe siècle et se caractérise par l'idéologie de l'unité et de l'histoire comme ayant un centre. Une fois que cette vision du centre et de l'unité tombe ou entre en crise, on est au plein cœur de la postmodernité. Celle-ci s'initie avec Nietzsche (avec son concept de l'éternel retour) et avec Heidegger (en ce qui concerne le dépassement de la métaphysique et la crise de l'humanisme).

Chez ces deux auteurs, il y a une remise en cause de la métaphysique moderne occidentale et ils ne proposent aucun dépassement dialectique. Ce qui signifie que l'idée de postmodernité n'est pas le remplacement de la modernité par une autre métaphysique ou idéologie. Elle est différente de la modernité où "la notion de dépassement (qui) tient une place si importante dans l'ensemble de la philosophie moderne, conçoit le cours de la pensée comme un évènement progressif où le nouveau est identifié à la valeur par la médiation d'une récupération et d'une réappropriation du fondement-origine" (Vattimo, 1987: 8).

La critique de l'idée de fondement et d'origine chez Nietzsche et Heidegger rend impossible de penser la postmodernité comme un dépassement critique et la recherche d'une autre fondation ou d'un autre fondement. D'où la catégorie de nouveau est étrangère à la pensée postmoderne: "La postmodernité se caractérise non seulement comme nouveauté par rapport au moderne mais plus radicalement comme dissolution de la catégorie de nouveauté, comme expérience d'une fin de l'histoire, et non plus comme la présentation d'un autre stade, plus progressif, ou plus régressif peu importe, de cette même histoire" (Vattimo, 1987: 10).

Ainsi, la postmodernité débouche sur la non-historicité ou la post-historicité. C'est la fin de l'idée de l'histoire comme processus unitaire et centralisé par la subjectivité hégémonique moderne. Le nihilisme traduit cette fin de l'histoire, cette fin de l'idée d'unité, en ce sens que le processus historique n'est pas déterminé par une finalité progressive et ni n'est prédéterminé par un centre. Le nihilisme, dit Vattimo (1987: 23), est "la situation où l'homme roule hors du centre ver l'X". L'expérience postmoderne chez Nietzsche se caractérise par la mort de Dieu et la dévalorisation des suprêmes valeurs. D'où aussi la crise de l'humanisme, par l'absence du transcendant.

La philosophie postmoderne permet de saisir la crise de la modernité, de la métaphysique occidentale déjà présente dans la tradition haïtienne: le vodou considéré porteur d'une cosmogonie de la libération et un autre concept de l'altérité, de l'universalité et de la pluralité. La différence essentielle entre postmodernité et cosmogonie de la libération est due au fait que la postmodernité maintient son eurocentrisme épistémologique et ne sort pas de la tradition occidentale. Pourtant, ce qu'il convient de réaliser c'est de critiquer la modernité à partir du subalterne, du pauvre, du colonisé, de l'exclu et du marginal.

La pensée postmoderne maintient l'Occident comme sujet de l'histoire et cherche à refonder son hégémonie. La cosmogonie de la libération libère l'autre, son altérité et l'inscrit dans une dynamique d'interculturalité et d'échange. Elle libère aussi la modernité en l'insérant dans une dynamique de dialogue.

Philosophie interculturelle

L'un des débats actuels porte sur les potentialités de l'interculturalité à penser la question de la pluralité et de la diversité culturelle. En partant de l'Amérique latine, il y a un auteur qui en particulier focalise son attention sur cette question: Raúl Fornet-Betancourt (2004). Sa critique de la philosophie latino-américaine part de la problématique de l'interculturalité absente dans cette philosophie.

Fornet-Betancourt précise qu'il s'agit d'une critique constructive de cette philosophie, en mettant à nu son manque de contextualisation. Cette philosophie ne part pas du caractère pluriculturel de la région, ce qui prouve qu'elle échappe à la véritable réalité culturelle régionale. L'auteur souligne qu'il y a quatre raisons qui le portent à critiquer la philosophie latino-américaine. La première est liée à l'usage colonisé de l'intelligence dans la région, laquelle cherche la reconnaissance des académies occidentales, sans prendre en considération sa problématique interculturelle. Pour le philosophe cubain, cette vision de la philosophie renvoie à l'héritage colonial qui influe sur le discours philosophique régional.

La deuxième raison est la dépendance du discours philosophique de la modernité intra-européenne, laquelle se manifeste dans les programmes d'éducation et de formation philosophique. Aussi, le discours philosophique est eurocentrique. La troisième concerne les langues de travail : l'espagnol et le portugais. Il s'agit d'une philosophie bilingue qui met au rancart les langues indigènes. D'où sa limitation à comprendre l'autre, les autres cultures présentes dans la région. Cette philosophie est incapable de valoriser l'interculturalité et le dialogue entre les cultures.

La quatrième raison est essentielle : la philosophie réduit la région au métissage, alors qu'il existe des groupes ethnoculturels qui maintiennent leurs cultures et leurs traditions. En présentant le métissage comme la caractéristique culturelle de la région, le discours philosophique tombe dans une sorte de colonialisme qui dilue les différences culturelles et opprime l'autre. Pour Fornet-Betancourt, la culture métisse dialogue surtout avec la culture dominante et non avec les cultures opprimées et marginales.

Cela porte l'auteur à défendre la valeur et la pertinence de l'interculturalité (Fornet-Betancourt, 1998), ce qui permet de voir la région selon un autre horizon critique. Pour lui, les cultures ne sont pas fermées sur elles-mêmes, ni ne sont l'expression de traditions homogènes ; ce sont des points d'appui pouvant rendre possibles la communication, la rencontre et l'échange. Cela rend possibles des processus dialectiques d'humanisation. Cela l'amène à conceptualiser le dialogue interculturel, en tant que réponse à la globalisation néolibérale, autre nom de la barbarie telle qu'elle a été pensée par l'écrivain argentin Domingo Sarmiento, au XIXe siècle. Le dialogue interculturel est un programme, un projet qui vise à penser autrement les relations sociales, culturelles et politiques dans un contexte de globalisation néolibérale qui tend à l'uniformisation. Il s'oppose au modèle de civilisation qui veut anéantir les différences au profit de l'uniformité.

Il s'agit d'une réponse alternative face à l'idéologie de l'intégration et de l'assimilation en vue de créer une "culture mondiale". Le dialogue interculturel ouvre les cultures et leur permet de sortir de leurs cercles fermés pour entrer dans la dialectique de l'ouverture. Il permet de relativiser leurs croyances et leurs traditions, et les prépare à mieux connaitre les autres et elles-mêmes. Il rend aussi possible la meilleure compréhension de l'altérité.

Fornet-Betancourt considère le dialogue interculturel comme une qualité éthique. L'autre est accueilli dans sa singularité et sa particularité. Face à une universalité surplombante, le dialogue interculturel représente une "option pour l'espoir", de tous ceux qui veulent imaginer d'autres mondes possibles.

Pour Fornet-Betancourt, le dialogue interculturel a des présupposés philosophiques. Le premier réfère à l'idée d'"universel singulier", en ce sens que le dialogue interculturel rend possible la survie historique de la subjectivité des cultures. Tout moment culturel est porté par l'universalité et l'ouverture aux autres cultures. L'être humain se transculturalise, en échappant à sa culture particulière en vue d'entrer dans la dialectique de la singularité et de l'universalité.

L'idée d'universalité est pensée comme communication au sein de la pluralité et de la diversité. Le deuxième trait du dialogue interculturel est le principe de réflexion subjective, considérant la culture comme source d'extériorité et d'indétermination. Aussi, il y a une relation dialectique entre réflexion subjective et situation culturelle, mais "au moyen de l'exercice de la réflexion subjective l'être humain se transforme en un point d'appropriation et de totalisation qui déborde les limites de son univers culturel".

Dans ce sens, la réflexion subjective, selon Fornet-Betancourt, rend possible la communication, au niveau intraculturel et interculturel. Elle n'est pas opaque ni fermée sur elle-même. Elle s'inscrit dans un processus d'échange, de rencontre et d'ouverture. La culture du sujet réflexif est un moment vers l'universalité, vers la communication.

Un troisième trait du dialogue interculturel est la culture de la liberté comme noyau dur de la réflexion subjective. Pour Fornet-Betancourt, "Si la réflexion subjective est ce qui empêche qu'un univers culturel spécifique devienne une structure de cohérence emprisonnant ses membres, c'est la liberté, comme processus de singularisation et d'universalisation à la fois, qui questionne les dynamiques de stabilisation dans les cultures, faisant valoir en elles des projets subjectivement différentiés dont la réalisation pourrait exiger non seulement une nouvelle constellation ou organisation du monde culturel en question, mais aussi l'exode vers cet univers."

Un dernier trait du dialogue interculturel est la rationalité, comme une variante anthropologique. Elle est liée à la liberté humaine. Ainsi dans tout univers culturel, selon Fornet-Betancourt, doivent se donner des dynamiques internes de compréhension, de justification, d'intelligence critique, ce qui le rend communicable. Tout cela rend possible ce qu'il appelle le dialogue interculturel.

La problématique de l'interculturalité de Fornet-Betancourt rejoint la question de la cosmogonie de la libération, laquelle se base aussi sur l'interculturalité et l'éloge des différences inscrite dans une relation dialectique.

La cosmogonie de la libération, par la reconnaissance de la pluralité et de la diversité, suppose la coexistence d'épistémès, à la différence de la pensée de Michel Foucault (1990), lequel souligne que "Dans une culture et à un moment donné, il n'y a jamais qu'une épistémè qui définit les conditions de possibilité du savoir".

Cette pluralité épistémique inhérente à la cosmogonie de la libération signifie que toute expérience sociale ou culturelle est porteuse d'une ou de plusieurs épistémès. Les groupes interprètent leurs réalités en fonction de symboles, de concepts, de catégories qui relèvent de plusieurs modalités épistémiques.

Cependant, au cours de la modernité, l'Occident imposait ses épistémès aux autres cultures et civilisations et produisait ce que le sociologue portugais Boaventura

Sousa appelle l'"épistémecide", la destruction des savoirs et des connaissances subalternes et marginalisés. D'où son option pour une écologie du savoir, pour une valorisation des savoirs non valorisés par la modernité coloniale. L'intérêt du dialogue interculturel et de la cosmogonie de la libération est bien de focaliser cet aspect en vue de permettre l'échange, l'ouverture entre les cultures, les croyances, les religions, etc.

Philosophie de Levinas

Cette section se propose d'analyser de manière synthétique la philosophie éthique d'Emmanuel Levinas par rapport à la cosmogonie de la libération, dans la mesure où cette philosophie mise sur la question de l'altérité, du respect pour l'autre et d'une responsabilité absolue à son endroit. Au départ, les deux perspectives sont différentes, car elles ne partent pas d'un même lieu d'énonciation. L'éthique de Levinas critique la modernité à partir de la tradition juive où l'autre selon la conceptualisation de Levinas est digne de respect, son visage étant l'expression de la transcendance divine; alors que la cosmogonie de la libération part du traumatisme colonial comme le contexte historique de sa raison d'être. Mais ce qui les unit, c'est leur critique de la modernité au nom d'une conception de l'autre, de l'histoire et des rapports sociaux.

La philosophie de Levinas (1971) se propose une critique radicale de la philosophie occidentale, considérée comme une philosophie du Même, où le sujet a une position de surplomb vis-à-vis de l'altérité. Sans doute, il est important de contextualiser cette philosophie éthique pour mieux saisir ses enjeux théoriques et conceptuels.

La mise en contexte de cette philosophie suppose de prendre en considération à la fois l'histoire et la culture philosophique occidentale du XXe siècle. Au regard de l'histoire immédiate, il convient de mentionner la persécution des juifs en Allemagne par le régime nazi. La haine des juifs et les camps de concentration en Europe constituent les évènements historiques qui ont inspiré la philosophie éthique de Levinas. Il faut dire que cette haine des juifs ne date pas d'aujourd'hui. Depuis la mort du Christ, les juifs ont été accusés de déicide. Depuis lors, ils étaient persécutés et poursuivis en Europe. Ils ont maintenu l'unité culturelle et religieuse à travers le temps.

Au Moyen Age, ils étaient persécutés sans trêve. Ils ont trouvé refuge dans les empires arabo-musulmans. Au cours de la modernité, ils étaient aussi l'objet de menaces et de persécutions. L'antisémitisme a atteint son apogée au XIXe siècle. Au XXe siècle, ils étaient les principaux ennemis du nazisme. Cette haine de l'autre a, sans aucun doute, inspiré Levinas à repenser la philosophie occidentale.

Le contexte de cette philosophie au XXe siècle était marqué par un ensemble de doctrines et tendances philosophiques. On en trouve la phénoménologie de Husserl, d'Heidegger, l'existentialisme français, l'École de Frankfort en Allemagne, la philosophie herméneutique de Gadamer, de Paul Ricœur, le positivisme logique issu du Cercle de Vienne, les courants du marxisme, la philosophie analytique, etc.

La particularité de Levinas est qu'il va construire l'éthique comme philosophie première en tant qu'une branche de la philosophie, contrairement à la tradition occidentale. Cette philosophie première vise à penser, à saisir le rapport du soi avec l'autre par le biais de la proximité.

De René Descartes à Edmund Husserl en passant par l'idéalisme allemand, la philosophie occidentale est surtout caractérisée comme une philosophie du sujet, de conscience - sauf chez certains comme Fichte considère que le moi n'existe pas sans le rapport avec l'autre, posant ainsi la question de l'intersubjectivité. Cet impérialisme du sujet saisit le rapport avec l'autre par le prisme de la représentation, de la médiation, de la connaissance. Il s'agit d'un rapport de connaissance.

Chez Husserl, la conscience est conscience de quelque chose, en ce qu'il s'agit de saisir l'autre par le biais de la conscience théorique, une conscience intentionnelle; c'est une phénoménologie de la genèse constitutive où le cogito transcendantal constitue le monde. Malgré le retour au monde vécu que proclame la phénoménologie, en parvenant à la mondanisation du sens, le sujet reste le fondement du réel. Il constitue le monde. Husserl n'arrive pas à sortir du cartésianisme où le cogito a l'initiative. Dire que la conscience est conscience de quelque chose suppose qu'il est producteur d'opérations, il est générateur d'actes, il est source de constitution, etc.

L'intentionnalité, en tant que structure fondamentale de la conscience, se dirige vers les choses en vue de les constituer par un acte de souveraineté. Ainsi, la phénoménologie de Husserl vise à refonder la philosophie par la récupération du sujet rationnel. Ce qui fait que le cogito constitue le début fondateur d'évidences apodictiques.

Chez Heidegger, la phénoménologie est encore dans sa structure idéaliste, malgré sa critique de la métaphysique traditionnelle, en tant qu'une métaphysique de la présence et de l'oubli de l'être. Chez Descartes, le cogito est autoréflexif, alors que chez Heidegger il est auto-compréhension (Luis Sáez Rueda, 2009: 140).

Chez Habermas et Apel, Il s'agit du retour au monde vécu, mais par le biais de l'intersubjectivité rendue possible par l'agir communicatif. D'une philosophie de la conscience ils passent à une philosophie de l'intersubjectivité où le langage rend possible l'échange intersubjectif. Il s'agit d'une phénoménologie posthusserlienne, que l'on retrouve aussi chez Merleau-Ponty où la relation avec l'autre est essentielle.

Chez Levinas, il y aura une révolution copernicienne en ce qui concerne la place du sujet dans ses relations avec l'autre. La critique de la conscience intentionnelle l'amène à penser autrement la structure de la subjectivité pour montrer sa véritable essence. Influencé par Husserl et Heidegger, il va prendre ses distances vis-à-vis d'eux pour construire sa philosophie éthique. Comme nous l'avons dit, sa critique radicale de cette philosophie est liée à la shoah, à l'expérience traumatique du XXe siècle où l'autre (juif) était surtout l'objet de haine et de destruction massive.

Il souligne que la philosophie occidentale oublie ou néglige la question de l'autre, dont le visage donne à voir un être faible, qui a besoin de l'aide, du secours et face auquel on est responsable en raison de sa faiblesse.

Aussi, dans un mouvement de renversement radical, il va démontrer que la structure du sujet est caractérisée par une responsabilité absolue envers l'autre. Le sujet devient du même coup responsable de l'autre. D'où l'éthique, comme souci et responsabilité de l'autre, s'érige en philosophie première. Le sujet est surdéterminé par la responsabilité pour autrui, dont la présence se manifeste par le visage. Cela fait que la subjectivité, à la différence de la philosophie idéaliste moderne, n'est pas un "pour soi mais un pour autre".

Dans ses différents ouvrages, il va exposer sa théorie de la subjectivité sur la base d'une philosophie éthique, conçue pour mieux comprendre l'essence du sujet. Au lieu d'une théorie de la connaissance, de la politique, il va élaborer une éthique, capable de penser les relations humaines en dernière instance.

Sa théorie de l'altérité sera redevable de la tradition philosophique juive, comme celle de Martin Buber (Meca, 2000), Franz Rosenzweig, sur la question de l'intersubjectivité. Chez Buber, la question de l'altérité est saisie sous le prisme du dialogue. Autrement dit, le rapport entre l'identité et l'altérité passe par le dialogue, d'où sa théorie symétrique de l'intersubjectivité, exposée dans son ouvrage *Ich Und Du* (1923). Meca (2000: 111) souligne que le principe dialogique est dans la philosophie de

Buber, en même temps, fondement, point de départ et méthode comparable au rôle du cogito dans la philosophie de Descartes. Il se présente comme une sorte de compréhension par union (*Verbundenheit*), ajoute Meca.

Dans sa théorie *je-tu*, au début était la relation. C'est ce qui fonde l'intersubjectivité humaine. Cette théorie de la relation dialogique s'inspire de sa tradition juive, selon laquelle c'est la relation qui existe entre Dieu et sa créature humaine, l'alliance impliquant et affectant Dieu et la création, à la fois. Dans cette rencontre le "je" ne se pose pas en position de surplomb et n'entretient pas une relation avec le "tu" comme s'il s'agissait d'une relation avec les choses. C'est une relation entre des sujets et non des choses.

Si cette philosophie a largement influencé Levinas, ce dernier ne considère pas la question du dialogue symétrique entre moi et l'autre. La relation entre moi et l'autre est foncièrement asymétrique. Commentant son ouvrage *Totalité et infini*, Levinas (1982: 95) affirme: "La relation intersubjective est une relation non symétrique. En ce sens, je suis responsable d'autrui sans attendre la réciproque, dût-il m'en coûter la vie. La réciproque, c'est son affaire." Il cite cette phrase de Dostoïevski: " Nous sommes tous coupables de tous et de tous devant tous, et moi plus que les autres." Chez lui, il ne s'agit pas d'une philosophie du dialogue comme chez Buber, comme l'agir communicatif de Habermas.

Tout en déconstruisant la philosophie de la conscience de Descartes à Husserl pour introduire le thème de l'intersubjectivité, Levinas défend la thèse que la relation avec l'autre échappe à la connaissance, à la représentation, à la médiation. Il s'agit au contraire d'une relation métaphysique, donc désintéressée (Levinas, 1971: 111).

Dans son ouvrage-thèse -*Totalité et Infini*-, Levinas écrit (1971: 13) écrit : "La relation entre le Même et l'Autre, ne se ramène pas toujours à la connaissance de l'Autre par le Même, ni même à la révélation de l'Autre au Même, déjà foncièrement différente du dévoilement". Plus loin, Levinas (1971: 27) ajoute : "La relation métaphysique ne saurait être à proprement parler une représentation, car l'Autre s'y dissoudrait dans le Même: toute représentation se laisse essentiellement interpréter comme constitution transcendantale".

Dans *Éthique et infini*, l'auteur (1982: 52) argumente: "La connaissance est toujours une adéquation entre la pensée et ce qu'elle pense. Il y a dans la connaissance, enfin de compte, une impossibilité de sortir de soi; dès lors la socialité ne peut avoir la même structure que la connaissance". Il y a donc une critique de la connaissance, car celle-ci, dit-il, a toujours été assimilation. Elle ne libère pas l'autre de sa solitude, ni ne fonde véritablement la socialité.

La relation avec l'autre ne s'enferme pas dans l'intentionnalité comme chez Husserl. Levinas (1982: 54) met en doute l'idée husserlienne que l'intentionnalité représente la spiritualité même de l'esprit. Ainsi, la relation entre le Même et l'Autre s'inscrit dans une éthique. Il s'agit d'une relation ayant une signification éthique où l'autre précède le sujet et a l'initiative. Entre le Même et l'Autre, la relation ne forme pas système et ne conduit pas à une totalité chez Levinas, comme le dit Paul Ricœur (2004: 252).

L'Autre chez Levinas vient avant toute initiative du Même. Il lui est antérieur, et résiste à l'"impéralisme du Même", selon ses propres termes (Levinas, 1971: 28). Pour montrer la profondeur, la qualité de la relation qui unit le Même et l'Autre, le philosophe juif (1971: 30) écrit: "Nous proposons d'appeler religion le lien qui s'établit entre le Même et l'Autre, sans constituer une totalité".

Pour Levinas, la subjectivité ne vient pas avant dans la relation. Au contraire, c'est l'Autre qui s'impose à elle comme une idée d'infini. La subjectivité est donc passive, c'est la théorie de la subjectivité passive où c'est l'Autre qui prend et qui a l'initiative dans la relation. Ce qui laisse voir une critique systématique de la conscience intentionnelle de la phénoménologie de Husserl. Chez Husserl et Sartre, le rapport entre le Même et l'Autre passe par l'observation rendue possible par la perception sensorielle; chez Heidegger, il apparait dans le champ de l'action. Pourtant, chez Levinas, l'Autre est premier, il n'est pas soumis à la visée intentionnelle. La relation entre le Même et l'Autre n'a pas d'objet à satisfaire. Elle échappe au domaine du théorique, du conceptuel, mais relève de l'éthique.

L'Autre se présente au Même sous forme de visage, lequel signifie par lui-même. Il ne se représente pas. Pour Levinas le visage est la "parole originelle" ou "Verbe de Dieu". C'est un signifiant qui coïncide avec sa signification, comme dit Raphaël Lellouche (2006: 39). Ce dernier souligne que le visage est une sorte de point d'arrêt et d'absolu, l'ultime signification, sens par soi-même. Lellouche (2006: 56) argumente : "La théorie du "visage" était une première tentative de conjurer le solipsisme phénoménologique dans lequel l'autrui est "constitué" comme alter ego par le Moi transcendantal."

Cette particularité du visage fait qu'il échappe à toute phénoménologie de la perception. Il échappe aussi à la représentation. Levinas (1971: 237) écrit : "Le visage où autrui se tourne vers moi, ne se résorbe pas dans la représentation du visage. Entendre sa misère qui crie justice ne consiste pas à se représenter une image, mais à se poser comme responsable, à la fois comme plus et comme moins que l'être qui se présente dans le visage."

Ce visage dit : "tu ne tueras point". Sa relation avec le Même passe par le discours, qui "ne le range pas dans le Même. Il reste absolu dans la relation", dit Levinas (1971: 213). Le Même ne peut pas posséder ce visage, il lui résiste. "La résistance de l'Autre ne me fait pas violence, n'agit pas négativement; elle a une structure: éthique. La première révélation de l'autre, supposée dans toutes les relations avec lui, ne consiste pas à le saisir dans sa résistance négative, à la circonvenir par la ruse. Je ne lutte pas avec un dieu sans visage, mais réponds à son expression", argumente Levinas (1971: 215). Le visage est l'expression d'un impératif catégorique.

Levinas (1982: 94) soutient: "Le visage me signifie et m'ordonne. Sa signification est un ordre signifié... Cet ordre est la signifiance même du visage". Ou l'idée d'infini dans le Moi lui est venue par la présence du visage: "L'infini me vient par la signifiance du visage. Le visage signifie l'infini", soutient Levinas (1982: 101). Ainsi la structure éthique de la subjectivité la fait sortir de sa solitude, de l'enfermement sur elle-même et aller à la rencontre, au contact de l'Autre, du visage.

Dans cette relation asymétrique, le moi ne constitue pas l'autre, comme dans la philosophie de la conscience. La parole au contraire vient de lui et répond de lui. Il s'agit chez Levinas d'une subjectivité totalement passive. Lallouche souligne que la passivité est la limite de l'intentionnalité. Cette passivité est la subjectivité même chez Levinas. C'est une phénoménologie de la synthèse passive et non de la synthèse constitutive. Si la subjectivé est si passive, c'est qu'elle n'est pas réflexivité ni conscience de soi. On est loin du cogito cartésien ayant une position de surplomb face au monde et à l'autre.

Dans l'ontologie occidentale, le sujet détermine tout. C'est lui qui se représente les choses, qui impose sa vision, sa représentation de l'autre. Levinas dénonce et rejette cette vision. D'où il remplace l'ontologie par l'éthique comme philosophie première. Cette philosophie doit déterminer le rapport entre l'Autre et le Même. L'éthique n'est plus cette discipline qui détermine les conditions de la bonne conduite où le moi a une position dominante; elle n'est plus ce qui est exigé du moi, mais la condition subjective fondamentale, comme le dit Lellouche (2006). Chez Levinas, c'est l'autre qui prédomine. L'intersubjectivité commence avec lui.

Dans *Autrement qu'être ou au-delà de l'essence (2004)*, Levinas développe la théorie de la responsabilité ; chez Husserl, il s'agit de la responsabilité pour la vérité ; pour Heidegger, c'est l'authenticité ; chez Levinas, c'est la responsabilité pour-autrui. Le sujet est responsable de l'autre bien avant même d'agir, car sa structure est essentiellement responsabilité, une "responsabilité pour ce qui n'est pas mon fait, ou même ne me regarde pas ; ou qui précisément me regarde, est abordé par moi comme visage", souligne Levinas (1982: 91-92).

Il s'agit d'une éthique de la responsabilité absolue ou de la passivité subjective envers l'autre, car "la subjectivité n'est pas un pour soi : elle est, encore une fois, initialement pour un autre", selon Levinas (1982: 92). Le moi est dépouillé de sa conscience, de sa liberté, de sa réflexivité et devient responsable de l'autre, même de ses fautes. Levinas souligne: "je dois tout à l'autre, même le mal qu'il me fait". Encore, écoutons Levinas (1982: 95) : "Je suis responsable des persécutions que je subis. Mais seulement moi !"

La responsabilité du Moi envers l'Autre est sans appel, sans renvoi, absolue. Levinas (1982:93) le dit clairement ainsi : "Le lien avec autrui ne se noue que comme responsabilité, que celle-ci, d'ailleurs, soit acceptée ou refusée, que l'on sache ou non comment l'assumer, que l'on puisse ou non faire quelque chose de concret pour autrui". Il compare la condition du moi à celle d'être l'otage de l'Autre : " La subjectivité, se constituant dans le mouvement même où à elle incombe d'être responsable pour l'autre, va jusqu'à la substitution pour autrui. Elle assume la condition - ou l'incondition - d'otage. La subjectivité est comme telle est initialement otage. Elle répond jusqu'à expier pour les autres", Levinas (1982: 96).

Cela porte Lellouche à dire que l'éthique de Levinas manque quelque chose d'humain; c'est une éthique pour les saints, les martyrs.

La structure de la subjectivité repose sur la relation éthique, et c'est "l'humanisme de l'autre homme" qui se trouve au-dessus d'elle. La proximité de l'Autre entraîne l'entière responsabilité du sujet. Cette proximité est urgence, assignation, interpellation et obligation envers l'Autre. Il s'agit d'une phénoménologie de l'altérité où le moi est responsable de la responsabilité de l'Autre.

La prédominance de l'Autre sur le même porte Paul Ricœur à dire que le moi est humilié, chez Levinas. Il perd toute transcendance. L'éthique levinassienne est l'envers de l'éthique kantienne où le moi agit en référence à la loi morale et se caractérise par sa bonne volonté. Chez Levinas, la volonté est perverse et non bonne. Elle est encline à faire le mal. C'est pourquoi, en sa place, se trouve l'Autre. Le Moi est affecté par l'Autre qui vient le détrôner de sa position hégémonique.

Que dire de l'éthique de Levinas par rapport à la cosmogonie de la libération? Il ressort que la critique de l'ontologie de la domination occidentale, de la philosophie de la conscience constitue en soi une critique de la métaphysique moderne, caractérisée par la primauté du sujet.

Sa critique de la subjectivité moderne constitue un apport considérable pour repenser la question de l'altérité et de son rapport avec l'identité. Malgré la radicalité de cette critique, sa philosophie permet de valoriser le droit à la différence, la reconnaissance de l'Autre dans son altérité. Aussi, la cosmogonie de la libération ne peut que valoriser cet aspect critique de la philosophie levinassienne, sans tomber dans l'excès où tout est pour l'Autre et rien pour le Moi.

Dans la cosmogonie de la libération, il y a aussi une critique de la métaphysique moderne, mais elle s'inscrit dans une dialectique analogique, transmoderne, horizontale, ouverte où le rapport entre la subjectivité et l'altérité se maintient dans une sorte d'équilibre pour parvenir à la plénitude, comme dans la théorie dialogique de Martin Buber. À partir de sa genèse historique subalterne, la cosmogonie de la libération cherche l'équilibre dans les relations entre le Même et l'Autre, sans prioriser l'un sur l'autre. Il s'agit de penser leur relation dans un processus d'échange, d'ouverture, de fécondation mutuelle.

Théorie critique

La Théorie critique de l'École de Francfort (Durand-Gasselin, 2012) en Allemagne constitue l'un des plus grands moments de la philosophie occidentale au XXe siècle, laquelle entreprend une relecture du marxisme, une critique de la modernité dans un contexte marqué par la prise du pouvoir en Allemagne par Adolf Hitler. Il s'agit avant tout d'un défi au logos occidental, au nom même de ce logos. C'est comme une sorte d'autocritique de la raison occidentale. Vue dans sa globalité, elle est la critique de la société et des pratiques sociales à partir des critères philosophiquement fondés (Mark Hunyadi, 2014: 8).

En tant que critique de la modernité, elle rejoint dans une certaine l'intention subversive de la cosmogonie de la libération. Mais sa critique de la modernité passe sous silence le fait colonial, la blessure que l'Occident a causée aux peuples non européens au nom de la civilisation, de la raison moderne: d'où son eurocentrisme. Par son ethnocentrisme, la Théorie critique est incapable de prendre en considération les victimes non européennes de la modernité hégémonique.

C'est dire que du point de vue de l'extériorité européenne, la Théorique critique n'est pas vraiment critique, dès lors que la critique du colonialisme, de l'esclavage moderne lui fait défaut. Aussi, il s'agit d'une critique eurocentrique de la modernité. Le Théorie critique ne remet pas en question l'universalité hégémonique occidentale. Sa théorie du capitalisme, de l'esthétique, de la culture, de la société, etc. fait la sourde oreille aux problèmes coloniaux, racistes et économiques, tels que les anciens pays colonisés les ont confrontés. Nous allons analyser successivement les trois moments de la Théorie critique, en vue démontrer ses limites vis-à-vis du paradigme de la cosmogonie de la libération, au regard de la critique radicale de la modernité, de l'eurocentrisme, de l'universalité occidentale et de la question de l'altérité.

La plupart des thèmes de la Théorie critique de la première génération - l'individu libéral et l'autorité paternelle - mettent à nu son eurocentrisme. Ses tenants cherchent à sauver ce qui reste de l'individualisme, de l'autonomie et de la capacité critique, note Zima (1974: 24). Ainsi, ils se mettent à critiquer les philosophies qui sacrifient l'individu particulier à la Totalité du système mystifié (Hegel), à l'Etre (Heidegger), à la science objective (Karl Popper) ou bien au processus historique (Karl Marx). Cela porte à Theodor Adorno à souligner que la connaissance a pour but le particulier, non l'universel. Selon Zima (1974:29), c'est la défense de la particularité qui constitue le noyau de la critique adornienne de Marx et Engels.

Par ailleurs, le premier moment de la Théorie critique procède à une critique systématique du positivisme, de la raison instrumentale (Horkheimer, 2010), du primat du système sur la partie, etc. D'ailleurs, le terme de Théorie critique de Max Horkheimer vise à s'opposer à la théorie traditionnelle. Elle n'est pas purement et simplement descriptive comme celle-ci. Elle dénonce aussi les pathologies, le système d'oppression, de domination inscrit dans le réel; c'est dans ce sens qu'elle est critique. Dans la reconstruction du réel, il y a une intention normative, laquelle cherche à déterminer les conditions de la vie bonne et d'une existence non aliénée ni réifiée. Dès lors que l'on prend conscience d'une réalité injuste, il convient de la critiquer, de la dénoncer, comme Marx le fait dans les Manuscrits de 1844. De ce fait, la connaissance de la réalité implique la volonté de la transformer.

La Théorie critique est subversive, elle ne vise pas la reproduction de la société sans questionner ses limites comme la théorie traditionnelle. Sa tâche est de critiquer le capitalisme et se situe en marge de la reproduction du capital. Elle part de l'idée que l'homme est créateur et sujet de l'histoire. Le sujet historique n'est pas l'idée hégélienne, mais plutôt l'homme. Contre la théorie traditionnelle, elle cherche la transformation de l'ordre social.

Par ailleurs, elle dénonce l'instrumentalisation de la raison par la société moderne. Horkheimer (2010) parle de la raison instrumentale, dès lors que la raison cesse d'être critique pour se conformer à l'ordre social. Sous l'influence de Georgy Lukács, reprenant Hegel, il montre le pouvoir de la pensée négative, de la critique. Autrement dit, la pensée dialectique a la capacité de nier l'ordre existant au profit de la pratique transformatrice.

Ainsi, la Théorie critique vise la transformation de l'ordre existant contre les effets pervers de la réification présents dans le système capitaliste. Herbert Marcuse met à nu la dimension unidimensionnelle de l'homme sous le système capitaliste, qui le rend incapable de critiquer l'ordre dominant.

Par ailleurs, le deuxième moment de la Théorie critique surgit avec Jürgen Habermas, considéré comme l'un des plus grands représentants de ce courant philosophique. Chez Habermas, ce n'est plus le rapport de production qui vient au premier plan; ce n'est pas non plus l'individu et la réflexion esthétique qui prédominent. Du rapport de production, il passe à un nouveau paradigme basé sur l'entente communicationnelle ou l'agir communicationnel.

Habermas change la perspective de la première étape de l'École de Francfort, en saisissant le social à travers le paradigme de la communication. Il s'agit dès lors de parvenir à repenser la modernité basée sur la philosophie du sujet, par le paradigme de l'intersubjectivité présente dans l'acte du langage. Habermas (1988) élabore ce paradigme dans son ouvrage classique - *Théorie de l'agir communicationnel* -, publié au début des années 1980.

Pour Habermas, ce qui fonde l'interaction sociale c'est avant tout les "principes normatifs de l'entente langagière." Une telle perspective suppose le dépassement voire la critique de la philosophie du sujet ou de la conscience. Voulant récupérer le principe axial de la modernité - l'idée de subjectivité - Habermas souligne que l'interaction sociale basée sur l'entente communicationnelle repose sur l'existence des sujets capables de parler et d'agir. Ainsi, grâce au paradigme de l'intercompréhension, le sujet connaissant échappe à toute attitude objectivante. Habermas (1988: 351) soutient: "Dans le paradigme de l'intercompréhension, ce qui est fondamental, c'est l'attitude performative adoptée par ceux qui participent à une interaction, qui coordonnent leurs projets en s'entendant les uns les autres sur quelque chose qui existe dans le monde."

Du fait de l'acte de parole, Ego et Alter contactent une relation interpersonnelle. Une telle relation s'extériorise dans le système grammatical. Les pronoms personnels de première, de deuxième et de troisième personne rendent explicite cette relation médiatisée par le système linguistique. Ainsi, les interactions sociales entre sujets libres sont, dès lors, différentes des relations des sujets envers les réalités matérielles.

Habermas remplace l'universalité de la raison par l'existence dialogique. Ce qui fait que le sujet n'est pas face au monde comme chez Kant; il n'est pas non plus dans une relation cognitive avec l'Autre comme chez Husserl, mais il résulte phénoménologiquement du "monde vécu" où prévaut l'intersubjectivité et non la subjectivité, propre de la philosophie transcendantale. Chez Habermas, l'intersubjectivité est un fait social, elle est pratique et libérée de la raison cognitive. De ce fait, elle est procédurale. Aussi, la pragmatique universelle montre que l'intersubjectivité repose sur des structures langagières, lesquelles rendent possible la communication où le rapport à soi est médiatisé par la deuxième personne. Le sujet est surtout participant et non observateur; il reconnait l'Autre et est reconnu par lui.

Ainsi, chez Habermas, le logos est intramondain, pratique, non abstrait; il est caractérisé par la facticité, la contingence, l'historicité, l'intersubjectivité, l'ouverture. Il est immanent au monde, et s'engage dans une praxis communicationnelle. D'où Habermas développe une pensée postmétaphysique, qui ne réduit pas tout à Dieu, à la Nature et ou à l'Etre, comme dans l'idéalisme allemand de Kant, Hegel, Fichte, etc. ; la pensée métaphysique est une pensée de l'identité, de l'unité de la totalité, laquelle cherche l'unité substantielle du multiple. Au contraire, la pensée postmétaphysique considère le "monde vécu" comme le tout. Elle opère, comme dit Rueda (2009), avec un concept distinct de totalité: les universaux du langage.

Ce qui fait que la philosophie étudie les règles de la rationalité communicationnelle, en partant du paradigme de l'intersubjectivité. La nouvelle totalité de la philosophie est le "monde vécu", nouvelle totalité à caractère préthéorique. Il ne s'agit pas d'une totalité sur l'identité-une, mais sur l'unité des procédures formelles qui règlent le traitement des problèmes (Rueda, 2009).

De cette manière, Habermas cherche à récupérer le projet des Lumières, mais il lui a fallu passer du paradigme de la conscience à celui de l'intersubjectivité, rendu possible par l'agir communicationnel.

Pour sa part, Axel Honneth (2008a; 2008; Hunyadi, 2014) remplace le paradigme de la communication par la lutte pour la reconnaissance, résultat des luttes caractérisant le social. Dans son ouvrage (Honneth, 2009) sur la critique du pouvoir, il met en évidence son concept du social, par rapport aux théories du pouvoir de la première étape de l'École de Francfort, de la théorie critique habermassienne de la société et de la théorie du pouvoir chez Michel Foucault.

Ainsi, il en vient à dégager un nouveau concept du social, lequel ne repose plus sur l'entente communicationnelle, mais plutôt sur des conflits, des luttes pour la reconnaissance. Il considère en effet la société comme traversée par des conflits et des luttes. D'où sa récupération de l'héritage de Habermas et surtout de Marx. Sa théorie de la reconnaissance saisit la société en termes de confrontation. Ainsi, chez Honneth, ce n'est pas l'entente qui est première comme chez Habermas, mais plutôt la reconnaissance. Le besoin de reconnaissance entraîne le déchirement du social.

Cela l'amène à récupérer la tradition de la philosophie sociale présente depuis Thomas Hobbes, Jean Jacques Rousseau et la tradition sociologique française avec notamment Emile Durkheim, lesquels mettent l'emphase sur la notion de lutte. Il récupère aussi et surtout la philosophie hégélienne, en ce qui concerne la notion de reconnaissance et de lutte.

La nouveauté de l'approche de Honneth, vis-à-vis de Habermas et d'autres philosophes politiques -comme John Rawls, Robert Nozick, G.A. Cohen, Ronald Dworkin -, est qu'il part de l'analyse des pathologies sociales, de l'expérience quotidienne pour articuler sa conception de la reconnaissance. À l'inverse des philosophies politiques idéales qui posent dans l'abstrait des principes idéaux de justice, de droit, de légitimité, etc., Honneth part du monde vécu de l'oppression, de l'humiliation et du déni de reconnaissance. C'est pourquoi Honneth (2014; Zurn, 2015)) critique ces philosophies abstraites qui se passent de l'analyse du social. Pour lui, une théorie de la justice doit reposer sur une analyse concrète du réel, et non sur des principes abstraits à prétention universelle.

À la différence d'Habermas, il souligne que le social ne peut être réduit au langage, en ce que la communication ne se limite pas au langage. Il y a d'autres rapports de communication comme les gestes, les corps; ces derniers ne sont pas des processus langagiers.

Après ce bref parcourt sur la Théorie critique, il est opportun de remarquer qu'elle constitue une critique de la modernité. Dans ses diverses étapes, elle cherche à refonder le social sur des principes normatifs qui rendent compte de la vie bonne. Dans la première étape, elle était surtout liée à une critique du rapport de production, en dénonçant la réification, la domination de la nature par l'homme, l'étouffement de l'individu, etc.

Dans le deuxième moment, Habermas s'efforce de la refonder sur la base de l'agir communicationnel, grâce auquel les sujets sont capables d'entrer dans une relation intersubjective, faite d'égalité, de respect et de liberté. Contre le pessimisme de la première étape, Habermas montre les possibilités de parvenir à des rapports sociaux basés sur l'intersubjectivité.

Dans la troisième étape, Honneth part de l'analyse du social, de ses pathologies pour dégager les normes d'une vie bonne. Sa théorie du social révèle les complexités des rapports sociaux, les luttes que mènent les acteurs pour se faire reconnaitre.

Vue du point de vue de la cosmogonie de la libération, la Théorie critique ne prend pas en considération la différence coloniale, la longue durée de la domination coloniale où prédominent le racisme, l'exploitation, l'esclavage et le rejet de l'Autre. L'esclave ne cherchait pas à être reconnu par le système, par ses pratiques de résistance comme le marronnage. Sa voix n'était pas entendue; aussi, il ne pouvait pas en entrer en communication et dialoguer. Les autorités coloniales ne les entendaient pas. De plus, ils étaient victimes de toutes sortes d'humiliation et ne pouvaient pas se faire entendre.

Par ailleurs, la Théorie critique ne s'intéresse pas à l'altérité non européenne. Elle reste limitée à la critique du logos occidental. C'est dans ce sens qu'elle est foncièrement eurocentrique. Sa critique de la modernité cherche alors à défendre les acquis de la modernité, aux dépens de ceux qui en étaient victimes. En outre, les références des auteurs de la Théorie critique sont la tradition occidentale. Ils ne se donnent donc pas la peine de tenir compte d'autres traditions, d'autres cultures dotées d'autres visions du monde, de la nature et de l'histoire.

Conclusion

La cosmogonie de la libération débouche sur un autre concept de culture, de politique et d'histoire. Elle remet en question l'ontologie de la domination inhérente à la modernité et élabore une autre vision de l'universalité, de l'altérité et une philosophie de la tolérance, contrairement au paradigme eurocentrique propageant l'idéologie du choc entre les civilisations.

Le paradigme du choc des civilisations ne prend pas en considération la transversalité, l'interculturalité entre les imaginaires, les cultures et les civilisations. Au contraire, il vient justifier et consolider les heurts et les différences entre les cultures et les identités, qui ont eu lieu suite à l'effondrement du communisme, lequel a été suivi du réchauffement de relations entre ethnicité, identité et religions, mettant à mal le marxisme basé sur le primat des forces économiques sur les autres sphères sociales.

Ce paradigme saisit les relations entre les civilisations dans la perspective du choc et de l'affrontement sans voir que les civilisations ont historiquement été toujours en relation les unes avec les autres, comme par exemple l'islam et l'Occident.

Samuel Huntington (2000) construit une nouvelle représentation du système international, après la fin de la bipolarité pour mettre l'Occident en garde contre la menace - islamique, par exemple. Il montre que le système international n'est plus caractérisé par la confrontation entre les États, la lutte idéologique, mais plutôt par l'affrontement entre les grandes civilisations dont il procède à un déchiffrement critique. Il en dénombre environ huit: l'occidentale, l'hindoue, la slave-orthodoxe, la japonaise, l'africaine, l'islamique, la latino-américaine et la confucéenne.

Aussi, les différences entre ces aires culturelles ne peuvent conduire qu'aux heurts, aux chocs et aux conflits. Il souligne l'éventualité des alliances entre civilisations en vue de combattre l'Occident, comme celle entre la Chine et l'islam.

En ce qui concerne l'islam, il avance qu'il a des frontières sanglantes. Des conflits existent entre les zones musulmanes et non musulmanes. Critiquant la perspective de Huntington, François Thual (1995: 169) montre que les conflits identitaires ne se réduisent pas seulement au religieux, et qu'il convient de dépasser la vision étriquée de Huntington. Pour lui, les crises identitaires synthétisent plusieurs facteurs: l'ethnique, le national et le religieux. En outre, pour montrer les limites de la thèse de Huntington, il évoque la notion de représentation du géopoliticien, Yves Lacoste. Il écrit: "Pour Lacoste, les représentations, sont l'ensemble des structures qui amènent les groupes politiques, humains ou sociaux à se déterminer sur la scène internationale. Ces représentations synthétisent nombre de facteurs, dont, bien sûr, les facteurs religieux ou des facteurs culturels, comme ceux dont parle Huntington. C'est bien en cela que la pensée d'Yves Lacoste peut être un antidote à la pensée de Huntington".

Par contre, l'idée de cosmogonie de la libération construit une autre vision des rapports entre cultures et civilisations. Il ne s'agit pas du choc, de l'affrontement entre elles, mais plutôt de la rencontre, de l'échange, de l'interaction et de l'ouverture. La particularité de ce paradigme est qu'il échappe à la vision eurocentrique basée sur la hiérarchie des cultures et des civilisations.

Jean-Claude Guillebaud procède aussi à une critique virulente de la thèse du choc des civilisations. Il compare cette thèse au cri d'alarme du philosophe Oswald Spengler sur la chute de l'Occident. Cet auteur expose sa thèse dans son ouvrage classique, *Le Déclin de l'Occident*. Comme lui, Huntington est un pessimiste et fait montre d'un "prophétisme sombre, pour ne pas dire apocalyptique", nous dit Guillebaud (2008: 17). Guillebaud montre que la thèse de Huntington repose sur ce présupposé : "C'est dans le sentiment d'une "différence" que la violence prend sa source. Elle s'accroit à mesure que s'accuse la différence. La corrélation essentielle est donc bien celle qui lie ensemble différence et violence".

Il montre que cette thèse permet de voir le "recul de l'univers kantien, ce "monde commun" et ce "projet de paix perpétuelle" dont l'Occident se voulut porteur". Ce projet est donc remplacé sous la plume de Huntington par les identités orageuses et les civilisations barricadées. Guillebaud (2008:2) essaie de démasquer le projet idéologique de Huntington : "La thèse du "choc des civilisations" participe d'une même volonté de défense à tous crins de l'Occident. L'adversaire, cette fois, n'est plus le communisme soviétique mais le terrorisme musulman dans son ensemble". Pour Guillebaud, la thèse du "choc des civilisations" devrait être critiquée au même titre que celle de Francis Fukuyama sur la "fin de l'Histoire".

En guise du choc des civilisations, il opte pour une modernité métisse. Une telle réalité est rendue possible par la globalisation, les phénomènes du métissage, du multiculturalisme, de l'immigration. L'Europe n'est plus le centre du monde, ni dispensatrice d'une modernité à sens unique. Tout est redessiné: fin des empires et des privilèges de l'homme blanc, dit-il. Il met en évidence l'effacement des frontières. En référence à l'Europe, il écrit: "Le dehors est arrivé chez nous. Il frappe à nos frontières et, inexorablement, il les franchit. Nulle barricade, nulle douane, nulle gendarmerie ne nous protègera bien longtemps de ce rendez-vous. Que nous le voulions ou non, nous serons pluriels et métis. Il nous reste à tirer parti, sans démagogie et sans xénophobie".

Le philosophe iranien, Daryush Shayegan (2012) parle de la "conscience métisse" pour caractériser l'état du monde actuel, fait de rencontres, d'échanges, etc. Aucune identité ne peut s'enfermer sur elle-même, mais plutôt doit entrer dans une relation de dialogue, de rencontre et d'ouverture. Le monde est en réseau. Tout se trouve dans une interaction et s'engage dans des relations rizhomatiques. À partir de Gilles Deleuze et Félix Guattari, le rhizome (Shayegan, 2012: 12) est un principe de connexion, d'hétérogénéité, il permet la constitution d'un réseau infini, puisque tout point est connecté à n'importe quel autre, à la différence de l'arbre qui s'enracine. Aussi, l'état du monde actuel est celui du métissage, ou ce que Gadamer appelle "l'horizon des mélanges". Toute culture doit entrer en relation avec d'autres cultures pour former une civilisation planétaire. L'auteur souligne que "nous vivons dans une situation interépistémique", différente de la vision foucaldienne où prime l'idée d'une seule épistémè à un moment donné. Ce pluralisme épistémique fait justice à tous les savoirs, subalternes ou non.

Ces considérations précédentes sont des critiques sévères aux théories du choc des cultures et des civilisations. À ce titre, la cosmogonie de la libération constitue un apport considérable. Celle-ci propose donc un autre regard de la pluralité culturelle, en raison de son ancrage historique et culturel. Surgie du contexte colonial, elle a été portée par la logique de la résistance subalterne contre les formes de domination hégémonique.

Elle met en relation les imaginaires européens, africains et préhispaniques dans l'objectif de penser une autre forme du vivre-ensemble et d'organisation du social, différente de la philosophe moderne. Elle se présente donc comme une contre-modernité, en ce qu'il s'agit de prendre le contre-pied de la pensée moderne. Celle-ci ne reconnait pas l'altérité culturelle, ethnique et linguistique des civilisations non européennes. L'ordre colonial a rejeté l'idée d'écologie du savoir. Ce qui était privilégié était surtout ce qui provenait de la tradition occidentale, comme le christianisme.

La question de l'altérité était mise au rancart. Pourtant, les esclaves s'efforçaient de la défendre en référence à leurs traditions par la pratique du marronnage et d'autres formes de résistance, non perçues par le pouvoir colonial. Ce pouvoir utilisait toutes les formes de stratégies pour désarmer culturellement et symboliquement les esclaves. Mais l'esclave utilisait la pratique du "détour", comme le dit Edouard Glissant, pour se soustraire à l'hégémonie coloniale.

Ainsi la défense des autres formes d'altérité par les esclaves leur permettait d'avoir une vision interculturelle, transversale et plurielle de l'universalité et de l'altérité. Une telle perspective échappe à l'horizon eurocentrique, dont la philosophie de l'histoire ne tient pas compte du rôle des peuples non européens dans l'évolution des civilisations et des cultures.

À partir de leur position subalterne, les esclaves ont construit une contre-philosophie de l'histoire, étrangère à l'idée de hiérarchie et de centre, mais plutôt caractérisée par les apports divers de tous ceux-là qui se trouvaient en relation dans le contexte colonial.

Parler de contre-philosophie de l'histoire renvoie à mettre en question l'hégémonie politique et épistémique de l'Occident, à partir d'un lieu d'énonciation afrocentrique. Ce lieu d'énonciation récupère les imaginaires, les traditions, les croyances africaines pour repenser le mouvement de l'histoire universelle, faite des histoires subalternes, marginales et non reconnues.

Dans ce cas, l'idée de cosmogonie de la libération repose sur une vision complexe, plurielle de l'universalité.

Il ne s'agit pas d'une universalité hégémonique et unilatérale, construite par le discours du pouvoir de l'Occident. Mais au contraire, elle surgit de la mise en relation, de la créolisation de plusieurs imaginaires.

En raison de ce fait, la cosmogonie de la libération permet de dépasser la logique de l'uniformisation de la mondialisation, de l'occidentalisation du monde. Elle remet en cause toute vision fondamentaliste, intégriste, uniforme, binaire ou dichotomique de l'identité. Elle saisit le mouvement des identités dans leurs interactions, leurs échanges et non dans leurs oppositions radicales.

Elle permet de déboucher sur ce que l'on peut appeler un mondialité métisse, c'est-à-dire, faite d'une pluralité de références. Elle récuse toute culture ou tradition qui cherche à s'imposer et à rejeter la pluralité et la diversité culturelle.

D'ailleurs, la cosmogonie de la libération tire ses racines de la première véritable mondialisation ouverte et transversale, celle qui a eu lieu dans la Caraïbe avec l'arrivée des Européens à partir de 1492. L'Europe tentait d'imposer sa culture et sa civilisation aux aborigènes du continent, mais la puissance des cultures indigènes et des cosmogonies africaines ont fait échouer une telle tentative. C'est pourquoi le continent américain est caractérisé par une pluralité d'imaginaires, en relation les uns avec les autres. Mais il a fallu les luttes, les résistances des indiens et des noirs rendus possible par les esclaves pour déjouer les tentatives d'uniformisation entreprises par les colons européens. Cette résistance passait par les formes diverses comme la musique, la manifestation des rites religieux.

Par exemple, on connait l'importance des chansons, des blues aux États-Unis. Les noirs ont recouru à leurs bagages culturels pour résister à la domination coloniale raciste. Sur ce point, Du Bois souligne l'importance des "Chants des Douleurs" du peuple noir américain. C'est par eux que "l'âme de l'homme noir a parlé aux hommes" (Du Bois, 2007:237). Pour lui, "ce sont les chants populaires noirs - cette plainte de l'esclave mise en rythme - qui constituent aujourd'hui non seulement la seule musique américaine, mais surtout la plus belle expression de l'expérience humaine née de ce côté des mers. Elle a été négligée, elle a été, et elle est toujours, un peu méprisée, et surtout, elle a été constamment la source d'erreurs et de malentendus; néanmoins, elle demeure le seul grand héritage spirituel de cette nation et le plus grand cadeau du peuple noir" (Du Bois, 2007: 238).

Dans la Caraïbe, on retrouve la puissance et la vitalité de l'imaginaire africain dans la musique et les chants. C'est d'ailleurs cet imaginaire qui parvenait à vaincre lentement mais sûrement l'ordre colonial. C'est pourquoi aussi la cosmogonie de la libération repose sur la mise en relation des traces portées par l'imaginaire des peuples et des groupes ethniques en interaction.

Dans la philosophie de la relation de Glissant (2009), l'idée de traces permet de défaire la notion de système. Les systèmes sont fermés sur eux-mêmes, alors que les traces entrent en créolisation, en relation dialectique avec d'autres traces. Selon Glissant, ce sont les traces qui rendent possible la créolisation (Dorismond, 2013; Mezilas, 2014b), celle-ci étant réalisée par la pluralité des rencontres non instituées, donc opérées de manière spontanée, imprévisible et instable selon Dorismond (2013:41). Dorismond (2013: 426) affirme: " En effet, Glissant fonde sa théorie de la créolisation sur la réinterprétation des traces apportées par les Africains et les Européens qui se sont trouvés dans une relative ambivalence à leurs origines." Ainsi, du fait de la pluralité des traces, la créolisation est "la perversion des racines, des identités substances: elle conduit outre-racine, outre-origine; elle détruit toutes autorités traditionnelles dont l'être est la hiérarchie au profit de l'égalité des origines et des commencements" (Dorismond, 2013:406).

L'idée de traces met en question toute genèse fondatrice, toute pensée de système ou tout système de pensée. Point de mythe fondateur ou d'origine unique dans la pensée de la trace. Celle-ci rend possible les chocs, les relations, les harmonies, les disharmonies, les rencontres imprévisibles, les échanges inattendus, etc. En effaçant toute origine unique, la pensée de la trace invite à la recréation, la refondation des relations culturelles sur la base de la rencontre dialectique ouverte. La logique de la trace est anti-essence, antitotalitaire et branche sur la rencontre et l'ouverture. En raison de cette réalité historique massive caractérisée par le choc, les rencontres fortuites et les origines multiples. Dorismond (2013: 426) avance que "Il n'est pas entièrement pertinent de soutenir que la Caraïbe sont sans origines, qu'elles seraient marquées par un statut identitaire rizhomatique", ce qui rend impossible un macro-récit ou un macro-discours de fondation. Une telle situation originaire de l'ordre sociohistorique de la Caraïbe renvoie à la puissance des traces portées par l'imaginaire.

De même que l'imaginaire féconde la pensée de la trace, il fructifie la cosmogonie de la libération. Il permet aux différentes identités de s'échanger sans se perdre. De ce fait, la cosmogonie de la libération présuppose dans son essence l'idée de créolisation, de diversalité, de créolité, d'hybridation et de métissage, sauf qu'elle est beaucoup plus englobante, comme nous l'avons montré. Elle déterritorialise les identités fermées pour les reterritorialiser dans une nouvelle dynamique d'échange, d'ouverture et de rencontre. Elle n'est pas fermeture, mais plutôt ouverture sur l'Autre.

À ce titre, il convient de souligner que l'une des causes de la fracture imaginaire entre l'Occident et l'Orient est liée à la problématique de l'altérité. Les mouvements islamistes mettent en garde contre l'invasion des valeurs culturelles occidentales dans l'univers islamique. Pour eux, la modernité laïque constitue un danger, capable de pervertir l'islam. Il se produit dès lors une attitude de repli sur soi et de rejet de l'autre (Occident). Les islamistes sont incapables de penser de façon rationnelle et critique le rapport entre l'islam et l'Occident. Ils accusent ce dernier de tous les maux dont souffrent leurs sociétés. Non seulement, leur attitude révèle une incapacité à gérer leurs différences avec l'Occident, mais aussi ils rejettent toute forme de dialogue, d'échange avec lui.

Pourtant, la perspective de la cosmogonie de la libération invite à l'échange, à la rencontre, à l'ouverture et à la tolérance.

Il n'est pas moins important de jeter un bref coup d'œil sur l'idée de tolérance. Dans la tradition occidentale, celle-ci connait une histoire complexe, notamment vis-à-vis des relations entre l'Occident et les autres peuples.

Suite à sa reconnaissance officielle au sein de l'empire romain, le christianisme allait être intolérant envers les autres religions. Le judaïsme sera surtout persécuté en permanence. Le christianisme ne tolérait aucune religion au sein de l'empire. La naissance de l'islam allait renforcer cette intolérance envers l'autre. Avec la réforme protestante, il y aura la séparation entre l'Eglise et le pouvoir. D'où la tolérance religieuse sera instituée dans certains pays de l'Europe.

Mais en Amérique, c'était l'intolérance systématique contre les croyances et les traditions des indigènes et des africains. L'attitude des pères de l'église catholique se confondait avec une forme de fondamentalisme. L'Espagne établissait l'inquisition dans ses colonies afin d'éviter toute déviation vers d'autres croyances qui n'étaient pas catholiques.

Mais, les cosmogonies africaines allaient aider les noirs à affronter le système d'intolérance coloniale par la récupération des traditions et des croyances enfouies (Mezilas, 2011b; 2010). Ce sont des pratiques symboliques rebelles porteuses d'une logique historique et culturelle. C'est dans ce sens que la cosmogonie de la libération porte dans son essence un autre concept de l'altérité, de l'universalité et de la pluralité.

Du point de vue politique, la cosmogonie de la libération invite aussi à ne pas se limiter à la tradition politique occidentale issue de la modernité hégémonique. La philosophie politique moderne conceptualise le contrat social comme la base de l'ordre politique. Dans ses différentes variations (Terrel, 2001) chez Hobbes, Locke, Spinoza, Kant, Rousseau, etc., il s'agit de l'individu comme sujet politique et non la communauté. Les philosophies politiques modernes sont, dans leur essence, libérales, individualistes. Aussi, le cogito cartésien émerge dans l'espace politique, économique comme le fondement du vivre-ensemble.

En conséquence, la pensée politique moderne ne prend pas en considération les groupes, les ethnies, les communautés et leurs croyances collectives, encore moins la diversité, telle que conceptualisée par Edelyn Dorismond (2013) en référence aux sociétés caribéennes. Au contraire, la cosmogonie de la libération repose sur les valeurs de la communauté. C'est le "nous" qui prédomine. Le "je" est pur produit de la communauté et vit en interaction avec elle. Il ne se place pas au-dessus d'elle.

Les figures rebelles comme Mackandal -celui qui a joué un rôle central dans la constitution du vodou- représentent la collectivité et non la particularité individuelle. Le sujet Mackandal est traversé par le vouloir de la communauté. Il incarne la "volonté générale", c'est-à-dire, le désir de la communauté. Ses actions reflètent les convictions, les désirs et les souhaits de la collectivité.

C'est dire que ce qui fonde le lien social n'est pas l'individu, mais plutôt le "nous", l'ensemble de la communauté soudée par l'imaginaire africain en relation dialogique avec les autres traditions présentes dans le contexte colonial. L'ordre social s'éloigne donc de tout égoïsme et de tout individualisme.

Dans ce cas, la cosmogonie de la libération est porteuse d'une philosophie politique où l'ordre social repose sur le "nous", l'entente entre les membres de la communauté. Ce qui soude cette collectivité c'est l'imaginaire cosmogonique qui alimente l'inconscient collectif.

Ainsi, on est loin de la politique comme domination, au sens wébérien du terme. Mais au contraire, il s'agit d'une politique basée sur le dialogue, l'entente, le consensus, l'ouverture. C'est la communauté qui détient le pouvoir.

Cette forme d'organisation politique était implicite dans les luttes de libération menées par les esclaves en Haïti. La cérémonie du Bois Caïman du 14 août 1791 était un exemple paradigmatique. Les esclaves se sont réunis sous les auspices des chefs d'ateliers en vue de renverser l'ordre colonial esclavagiste. Boukman, chef de cérémonie, jouissait d'un respect absolu et incitait au combat contre le pouvoir colonial. L'obéissance à lui n'était pas mécanique. On savait plutôt qu'il représentait ou incarnait la volonté collective, le désir de la communauté souffrante.

De cette manière, le sujet de cette cérémonie était la collectivité comme un "bloc social des opprimés", pour reprendre l'expression d'Antonio Gramsci. Ce bloc social allait défier la philosophie de l'histoire telle que la modernité la concevait. La figure de Boukman, comme esclave et prêtre vodou, était paradigmatique. Il a repris les cosmogonies africaines pour mener la lutte anticoloniale, par des stratégies qui incommodaient le pouvoir colonial.

Ces cosmogonies inauguraient une nouvelle manière de penser, d'interpréter et de lutter contre l'ordre colonial. La personnalité de Boukman incarnait une autre philosophie de l'histoire, dite subalterne, dans la mesure où celle-ci misait sur le rôle des masses dans l'initiative historique.

Ainsi, la cosmogonie de la libération se construit sur ces personnages à partir de leurs pratiques rebelles, leur réinterprétation des cosmogonies ancestrales, leur prise en compte des imaginaires en circulation dans le contexte colonial, etc. Tout cela fait que la vision de l'identité, de l'universalité, de la pluralité et de l'altérité au cœur de la cosmogonie de la libération est avant tout interculturelle, transversale, plurielle, complexe, hétérogène et ouverte.

Cela lui permet de remettre en question toute pensée liée à l'idée de fondement, de genèse unique, de mythe fondateur. Ce qui la caractérise est la créolisation, le métissage, le mélange, l'ouverture, la communication, l'hybridation, la créolisation, la transculturation, etc.

La contre-modernité de la cosmogonie de la libération ne vise pas à détruire la modernité dans sa totalité, mais critique sévèrement son rejet de l'altérité, son horizon universaliste et sa prétention hégémonique.

En critiquant la modernité, elle reconnait que l'Occident doit faire partie de cette nouvelle communauté du vivre-ensemble qu'elle porte dans son essence. Il s'agit de rendre possible un monde en commun avec la participation de toutes les cultures, les identités, les croyances, en les faisant entrer dans une relation dialectique. Celle-ci ne cherche pas une synthèse définitive à la manière de la méthode dialectique hégélienne; il s'agit au contraire d'une dialectique toujours ouverte, transversale et infiniment complexe.

Par sa richesse épistémique, la cosmogonie de la libération démontre que la réalité haïtienne peut être l'objet d'un discours philosophique original, en échappant au colonialisme culturel occidental. Cela invite à repenser l'enseignement de la philosophie en Haïti. Un enseignement qui doit faire preuve de marronnage conceptuel et épistémique, en ce qu'il part du réel sans lui imposer des catégories et des théories toutes faites. Cela montre la nécessité de saisir le mouvement dialectique du réel à partir de sa propre historicité et de sa singularité.

Ainsi, à partir de sa particularité, la cosmogonie de la libération permet l'enrichissement de l'universalité, une universalité complexe, ouverte et transmoderne, c'est-à-dire, reconnaissant le rapport entre l'identité et l'altérité.

La particularité de la cosmogonie de la libération ne constitue pas une fermeture sur l'universalité, ou une vision impérialiste ou hégémonique, mais plutôt une invitation à repenser l'universalité, la pluralité, la diversité, etc.

Ainsi, l'universalité est le lieu géométrique où toutes les particularités s'enrichissent, se fécondent dans une interaction dialectique et entrent en relation ouverte et horizontale. Cette expérience d'enrichissement mutuel montre que chaque tradition est capable de féconder une autre tradition, tout en se fécondant elle-même.

Bibliographie

Al-Yabri, Mohammed Abed, *Crítica de la razón árabe*, Icaria, Madrid. 2001.

Arendt, Hannah, *La crise de la culture*, Éditions Gallimard, Paris, 1989.

Arkoun, Mohammed, *La pensée arabe*, PUF, Paris, 2012.

Averroès, *L'Islam et la raison. Traduction par Marc Goeffroy, Présentation par Alain de Libera*, Flammarion, Paris, 2000.

Azombo-Menda, S. et Enobo Kosso, M., *Les philosophes africains par les textes*, Fernand Nathan, Paris, 1978.

Balandier, Georges, *Anthropo-logiques*, Librairie Générale Française, Paris, 1985.

Bastide, Roger, *Les Amériques noires*, Petite Bibliothèque Payot, Paris, 1967.

Bauman, Zygman, *Modernidad y ambivalencia*, Anthropos Editorial, Barcelona, 2006.

Benveniste, Émile, "Catégories de pensée et catégories de langue", en *Les Études philosophiques*, # 4, P.U.F, Paris, 1958.

Bermejo, Diego, *Posmodernidad: pluralidad y transversalidad*, Editorial Anthropos, Barcelona, 2005.

Blumenberg, Hans, *La légitimité des Temps modernes*, Gallimard, Paris, 1999.

Bobdy, Salazar, *¿Existe una filosofía latinoamericana*, Sglo XXI Editores, México,1968.

Camus, Albert, *L'homme révolté*, Éditions Gallimard, Paris, 1985.

Carpentier, Alejo, *Le royaume de ce monde*, Éditions Gallimard, Paris, 1980.

Castro-Gómez, Santiago, *Crítica de la razón latinoamericana,* Biblioteca Universitaria Puvill Libro, Barcelona, 1999.

Castro-Gómez, Santiago, Grosfoguel, Ramón (Editores), *El giro decolonial. Reflexiones para la diversidad epistémica más allá del capitalismo global*, Siglo del Hombre Editores, Bogotá, 2007.

Cerutti, Horacio Guldberg, *Filosofar desde Nuestra América. Ensayo problematizador de su modus operandi*, UNAM, México, 2000.

Cerutti, Horacio Guldberg, *La filosofía de la liberación latinoamericana*, FCE, México, 1992.

Chakrabarty, *Dispesh, Provincializing Europe. Postcolonial Thought and Historical Difference*, Princeton University Press, Princeton, 2000.

Chivallon, Christine, *La diaspora noire des Amériques. Expériences et théories à partir de la Caraïbe*, CNRS Editions, Paris, 2006.

Corm, Georges, *L'Europe et le mythe de l'Occident*, Éditions La Découverte, Paris, 2009.

D'Agostini, Franca, *Analíticos y continentales. Guía de la filosofía de los últimos treinta años,* Ediciones Cátedra, Barcelona, 2000.

Deleuze, Gilles, Guattari, Félix, *Qu'est-ce que la philosophie*, Les Éditions de Minuit, Paris, 2005.

Derrida, Jacques, *L'écriture et la différence*, Éditions du Seuil, Paris, 1967.

Dorismond, Edelyn, *L'ère du métissage. Variations sur la Créolisation. Politique, éthique et philosophie de la diversalité*, Anibwé, Paris, 2013.

Dorsainvil, J. C., *Vodou et névrose*, Éditions Fardin, Port-au-Prince, 1975.

Du Bois, W.E.B., *Les âmes du peuple noir. Édition établie par Magali Bessone*, Éditions La Découverte, Paris, 2007.

Dussel, Enrique, *Introducción a la filosofía de la liberación*, Editorial Nueva América, Bogotá, 1983.

Durand-Gasselin, Jean-Marc, *L'École de Francfort*, Gallimard, Paris, 2012.

Dussel, Enrique, *Filosofía de la cultura y la liberación*, Universidad Nacional Autónoma de la Ciudad de México, México, 2006.

Dussel, Enrique, *Materiales para una política de la liberación*, Plaza y Valdés, México, 2007.

Dussel, Enrique, *1494, El encubrimiento del otro*, Abya Yala, Quito, 1994.

Dussel, Enrique, *Ética de la liberación en la edad de la globalización y de la exclusión*, Editorial Trotta, Madrid, 2009.

Dussel, Enrique, *Política de la liberación. I. Historia mundial y crítica*, Editorial Trotta, Madrid, 2007.

Dussel, Enrique, *Política de la liberación. Historia mundial y crítica, Vol. I,* Editorial Trotta, 2007.

Dussel, Enrique, *Política de la liberación, Vol. II. Arquitectónica*, Editorial Trotta, Madrid, 2009.

Dussel, Enrique, *Política de la liberación. II. Arquitectónica*, Editorial Trotta, Madrid, 2009a.

Eboussi Boulaga, F, "Le Bantu problématique), in Présence Africaine, # 66, Paris, 1968.

Fanon, Frantz, *Peau noires, masques blancs*, Éditions Points, Paris, 1971.

Fornet-Betancourt, Raúl, *Estudios de filosofía latinoamericana*, México, CCyDEL/UNAM, México, 1992.

Fornet-Betancourt, Raúl, "Supuestos filosóficos del diálogo intercultural", en Polylog, Viene, 1998.

Fornet-Betancourt, *Crítica intercultural de la filosofía latinoamericana*, Akal, Madrid, 2004.

Foucault, Michel, *Les mots et les Choses*, Éditions Gallimard, Paris, 1990.

François, Thual, *Les conflits identitaires*, Éditions Marketing, Paris, 1995.

Freire, Paulo, *Pedagogía del oprimido*, Siglo XXE Editores, España, 2015.

García, Antonio Rivera, " De la hegemonía al populismo: Ernesto Laclau, la evolución de "schmittiano antischmittiano", en Orellana, Rodrigo Castro (Ed.), *Posthegemonía. El final de un paradigma de la filosofía política en América Latina,* Editorial Biblioteca Nueva, Madrid, 2015.

Gauchet, Marcel, *La condition politique*, Gallimard, Paris, 2005.

Glissant, Glissant, *Philosophie de la Relation. Poésie en étendue*, Gallimard, Paris, 2009.

Guillebaud, Jean-Claude, *Le commencement d'un monde. Vers une modernité métisse*, Éditions du Seuil, Paris, 2008.

Goldman, Lucien, *Introduction à la philosophie de Kant, Gallimard*, Paris, 1967.

Goody, Jack, *L'islam en Europe. Histoire, échanges, conflits*, La Découverte, Paris, 2006.

Habermas, Jürgen, *Théorie de l'agir communicationnel*, Fayard, Paris, 1987.

Habermas, Jürgen, *Le discours philosophique de la modernité*, Gallimard, Paris, 1988.

Harnecker, Marta, *La izquierda en el umbral del siglo XXI. Haciendo posible lo imposible*, Siglo XXI Editores, España, 2009.

Hegel, Friedrich, *La raison dans l'histoire. Introduction aux leçons sur la philosophie de l'histoire*, Éditions Points, Paris, 2011.

Heidegger, Martin, *Etre et Temps*, Éditions Gallimard, Paris, 1986.

Honneth, Axel, *La lutte pour la reconnaissance*, Les Éditions du Cerf, Paris, 2008.

Honneth, Axel, *La société du mépris. Vers une Théorie critique*, Éditions La Découverte, Paris, 2008a.

Honneth, Axel, *Freedom's Right: The Social Foundations of Democratic Life*, Polity Press, Cambridge, UK, 2014.

Honneth, Axel, *Crítica del poder. Fases en la reflexión de una Teoría Crítica de la sociedad*, Machado Libros, Madrid, 2009.

Horkheimer, Max, Adorno, Theodor, *Dialectique de la raison*, Éditions Gallimard, Paris, 1983.

Horkheimer, Max, *Crítica de la razón instrumental*, Trotta Editorial, Madrid, 2010.

Hountondji, Paulin, *Sur la philosophie africaine*, Maspero, Paris, 1977.

Huntington, Samuel, *Le choc des civilisations*, Odile Jacob, Paris, 2000.

Hunyadi, Mark (sous la direction), *Axel Honneth. De la reconnaissance à la liberté*, Éditions LE BORD DE L'EAU, Paris, 2014.

Hurbon, Laënnec, *Le barbare imaginaire*, Port-au-Prince, Henri Deschamps, 1987.

Husserl, Edmund, *La crise des sciences européennes et la phénoménologie transcendantale*, Éditions Gallimard, Paris, 1976.

Joseph, Celucien L., *From Toussaint to Price Mars. Rhetoric, Race and Religion in the Haitian Thought*, Create Space, North Charleston, 2013.

Kant, Emmanuel, *Critique de la raison pure*, Flammarion, Paris, 1987.

Kant, Emmanuel, *Critique de la faculté de juger*, Flammarion, Paris, 1995.

Kant, Emmanuel, *Critique de la raison pratique*, Flammarion, Paris, 2003.

Laclau, Ernesto, Mouffe, Chantal, *Hegemonía y estrategia socialista. Hacia una radicalización de la democracia*, Fondo de Cultura Económica, México, 2010.

Lander, Edgar, "Modernidad, colonialidad y postmodernidad", en Revista Estudios Latinoamericanos, UNAM, México, 1997.

Lellouche, Raphaël, *Difficile Levinas. Peut-on ne pas être levinassien?* Éditions l'éclat, Paris, 2006.

Levinas, Emmanuel, *Totalité et infini. Essai sur l'extériorité*, Le Livre de Poche, Paris, 1971.

Levinas, Emmanuel, *Autrement qu'être ou au-delà de l'essence*, Le livre de Poche, Paris, 2004.

Levinas, Emmanuel, *Éthique et infini*, Le livre de Poche, Fayard, 1982.

Lewis, Bernard, *El lenguaje político del Islam*, Editorial Taurus, Madrid, 2004.

Lipovetsky, Gilles, *L'ère du vide. Essai sur l'individualisme contemporain*, Éditions Gallimard, Paris, 1993.

Lyotard, Jean-François, *La condición postmoderna*, Ediciones Cátedra, Madrid, 1998.

Magallón Anaya, Mario, *Discurso filosófico y conflicto social en América Latina*, CCyDEL / UNAM , México, 2007.

Mars-Price, Jean, *Ainsi parla l'oncle*, Collection Bicentenaire, Port-au-Prince, 2004.

Marx, Engels, *Manifeste du Parti Communiste*, Éditions Mille et Une Nuits, Paris, 1994.

Mbembe, Achille, *De la Postcolonie. Essai sur l'imagination politique en Afrique contemporaine*, Karthala, Paris, 2004.

Mbembe, Achille, *Critique de la raison nègre*, Éditions la Découverte, Paris, 2013.

Meca, Diego Sánchez, *Martin Buber*, Herder, Barcelona, 2000.

Medin, Tzvi, *Entre la jerarquía y la liberación. Ortega y Gasset y Leopoldo Zea*, Fondo de Cultura Económica, México, 1998.

Mezilas, Glodel, *Civilisations et discours de l'altérité. Enquête sur l'Occident, l'Islam et le Vodou*, EDUCAVISION, Florida, 2014.

Mezilas, Glodel, *Qu'est-ce qu'une crise? Éléments d'une théorie critique*, Éditions L'Harmattan, Paris, 2014a.

Mezilas, Glodel, "¿Qué es el indigenismo haitiano?", en Cuadernos Americanos, Nueva Época, 126, Año XXII, UNAM, México, 2008.

Mezilas, Glodel, *Haití más allá del espejo, Historia, cultura subdesarrollo*, Editorial Praxis, México, 2011.

Mezilas, Glodel, *Memoria, tiempo y sagrado en el Caribe*, CEMOS, Revista CEMOS, México, 2010.

Mezilas, Glodel, "La filosofía de la Relación de Édouard Glissant: identidad, alteridad y pluralidad", en Salgado, José G. Gandarilla Coord.), *América y el Caribe en el cruce de la modernidad y la colonalidad*, Centro de Investigaciones Interdisciplinarias en Ciencias y Humanidades/UNAM, México, 2014b.

Mezilas, Glodel, "África en la historia de las ideas en Haití", en Hernández, Aldalberto Santana (Coord.), *Filosofía, historia de las ideas e ideología en América Latina y el Caribe*, UNAM, México, 2011c.

Mezilas, Glodel, *Généalogie de la théorie sociale en Amérique latine. L'Occident en question*, Éditions de l'UEH, Port-au-Prince, 2013.

Mezilas, Glodel, "La contra-conquista de los esclavos en Haití y el Caribe", en Revista de Filosofía. Debate, Hermenéutica, Cultura, Año 43, Universidad Iberoamericana, México, enero junio 2011b.

Mignolo, Walter, *Historias locales/diseños globales. Colonialidad, conocimientos subalternos y pensamiento fronterizo*, Ediciones Akal, Madrid, 2003.

Mignolo, Walter, *Habitar la frontera. Sentir, pensar la descolonialidad (antología, 1999-2014)*, CIDOB, Barcelona, 2015.

Mignolo, Walter, "El desprendimiento: pensamiento crítico y giro descolonial", en Schiwy, Freya, Maldonado-Torres, Nelson, *(Des)colonialidad del ser y del saber. Videos indígenas y los límites coloniales de la izquierda en Bolivia*, Ediciones del Signo, Buenos Aires, 2006.

Mudimbe, Valentine, *The invention of Africa. Gnosis, Philosophy and the order of knowledge*, Indiana University Press, London, 1988.

Paz, Octavio, *Sor Juana Inès ou les pièges de la foi*, Éditions Gallimard, Paris, 1988.

Ramadan, Tariq, *L'Islam et la réforme radicale. Éthique et libération,* Presses du Châtelet, Paris, 2008.

Restrepo, Eduardo, Rojas, Axel, *Inflexión decolonial: fuentes, conceptos y cuestionamientos*, Universidad Editorial del Cauca, 2010.

Revault d'Allones, Myriam, *La crise sans fin. Essai sur l'expérience moderne du temps*, Éditions du Seuil, Paris, 2012.

Ricœur, Paul, *Le conflit des interprétations. Essais d'herméneutique*, Points Essais, Paris, 2013.

Ricœur, Paul, *Parcours de la reconnaissance*, Éditions Gallimard, Paris, 2004.

Roig, Arturo Andrés, *Filosofía, universidad y filósofos en América Latina*, CCyDEL/UNAM, México, 1981.

Rueda, Luis Sáez, *Movimientos filosóficos actuales*, Editorial Trotta, Madrid, 2009.

Said, Edward, *L'orientalisme. L'Orient créé par l'Occident*, Éditions du Seuil, Paris, 1980.

Sala-Molins, Louis, *Le Code Noir ou le calvaire du Canaan*, Presses Universitaires de France, Paris, 2012.

Satriani, Lombardi, L. M. Lombardi, *Apropiación y destrucción de la cultura de las clases subalternas*, Editorial Nueva Imagen, México, 1978.

Shayegan, Dayush, *La conscience métisse*, Albin Michel, Paris, 2012.

Diagne, Souleymane Bachir, "Comment philosopher en Afrique?", en *Comment philosopher en Afrique aujourd'hui*", UNESCO, Paris, 2006.

Diagne, Souleymane Bachir, *Comment philosopher en Islam*?, Éditions du Panama, Paris, 2008.

Tempels, Placide, *Philosophie bantoue*, Éditions Présence Africaine, Paris, 1949.

Terrel, Jean, *Les théories du pacte social. Du droit naturel, souveraineté et contrat de Bodin à Rousseau*, Éditions du Seuil, Paris, 2001.

Touraine, Alain, *La fin des sociétés*, Éditions du Seuil, Paris, 2013.

Vattimo, Gianni, *La fin de la modernité. Nihilisme et herméneutique dans la culture postmoderne*, Éditions du Seuil, Paris, 1987.

Towa, Marcien, *Essai sur la problématique philosophique en Afrique*, Éd. Clé, Yaoundé, 1981.

Weber, Max, *L'éthique protestante et l'esprit du capitalisme*, Presses Pocket, Paris, 1991.

Zea, Leopoldo, *Discurso desde la marginación y la barbarie*, Fondo de Cultura Económica, México, 1988.

Zea, Leopoldo, *La filosofía americana como filosofía sin más*, Siglo XXI Editores, México, 1969.

Zima, Pierre V., *L'École de Francfort*, Éditions Universitaires, Paris, 1974.

Zurm, Christopher F., *Axel Honneth*, Polity Press, Cambridge, UK, 2015.

Les Caraïbes

aux éditions L'Harmattan

Dernières parutions

LA PAROLE INDOMPTÉE - PAWÒL AN MAWONNAJ
***Suivi de* Memwa Baboukèt - Mémoire de la muselière**
Essai sur Jean-Paul Sartre, Paul Laraque, Franck Laraque, Manno Charlemagne, Richard Brisson, Jacques Stéphen Alexis, Jean-Claude Martineau, René Depestre et Dany Laferrière (français haïtien)
Tontongi
Même quand il n'est pas une traduction d'un texte à l'autre, ce livre est bilingue pour avoir mis en rapport d'égalité et de parité les deux langues parlées par les Haïtiens. L'auteur essaie de montrer l'équivalence de compétence entre les deux langues dans leur univers parallèle. Le choix des textes n'est pas innocent, car la littérature, comme Sartre l'a démontré, n'est pas innocente : elle participe du projet de société.
(Coll. Critiques Littéraires, 28.00 euros, 292 p., Broché)
ISBN : 978-2-343-05393-6, ISBN EBOOK : 978-2-336-37286-0

L'AMBIVALENCE IDENTITAIRE DANS LA SOCIÉTÉ MARTINIQUAISE
Essai psychanalytique d'une aliénation
Nonone Josette
Aujourd'hui, la Martinique se trouve dans une dépendance économique et sociale. L'Afro-Martiniquais se trouve partagé entre le contexte franco-européen et le milieu afro-antillais. Cette contradiction émane aussi de situations de confrontation, d'où se dégage souvent un ressenti de «fatalité», voire de «malédiction», entraînant «un sentiment de culpabilité collective», celui d'oser défier l'ordre social en place. Cette recherche vise à analyser le dilemme de la dépendance à partir de l'énoncé des malédictions, puis des considérations historiques, suivies d'une perspective psychanalytique.
(17.50 euros, 180 p.)
ISBN : 978-2-343-03807-0, ISBN EBOOK : 978-2-336-37068-2

L'ENTREPRISE BEAUPORT À LA GUADELOUPE
Un exemple d'aménagement territorial et de transformation sociale
Gauthiérot Murielle - Préface de Marie-Laure Troplent
Au pays de la canne à sucre, l'entreprise Beauport n'intéressait personne depuis la fermeture de l'usine. Murielle Gauthiériot démontre que Beauport n'est plus une cathédrale morte mais un observatoire pour étudier l'interaction entre aménagement territorial et transformation sociale. Elle raconte le «Tout Beauport»

et nous entraîne dans le système de la plantation industrielle. Sa méthode consiste en une expérimentation graphique à partir des cartes du territoire de Beauport et une analyse de la structuration socioprofessionnelle à l'intérieur de cette entreprise.
(22.00 euros, 212 p.)
ISBN : 978-2-343-04493-4, ISBN EBOOK : 978-2-336-36968-6

MARCHANDS ET NÉGOCIANTS DE COULEUR À SAINT-PIERRE (1777-1830)
Milieux socioprofessionnels, fortune et mode de vie (Tome 1)
A. Louis Abel
Décrire et observer les marchands et négociants de couleur pierrotins revient à examiner des milieux socioprofessionnels composés d'hommes et de femmes qui se renouvellent au gré des crises sociales, politiques et économiques. *Marchands et négociants de couleur à Saint-Pierre de 1777 à 1830* est la première étude socioculturelle consacrée à des milieux professionnels d'une ville antillaise coloniale.
(Coll. Chemins de la Mémoire, série Histoire des Antilles, 31.00 euros, 302 p.)
ISBN : 978-2-343-04926-7, ISBN EBOOK : 978-2-336-36774-3

MARCHANDS ET NÉGOCIANTS DE COULEUR À SAINT-PIERRE (1777-1830)
Milieux socioprofessionnels, fortune et mode de vie (Tome 2)
A. Louis Abel
Décrire et observer les marchands et négociants de couleur pierrotins revient à examiner des milieux socioprofessionnels composés d'hommes et de femmes qui se renouvellent au gré des crises sociales, politiques et économiques. *Marchands et négociants de couleur à Saint-Pierre de 1777 à 1830* est la première étude socioculturelle consacrée à des milieux professionnels d'une ville antillaise coloniale.
(Coll. Chemins de la Mémoire, série Histoire des Antilles, 35.00 euros, 642 p.)
ISBN : 978-2-336-30579-0, ISBN EBOOK : 978-2-336-36773-6

CONSCIENCE (LA) COLLECTIVE CHEZ PATRICK SAINT-ÉLOI
À travers 30 titres de chansons
Okenga Viviane
Cet ouvrage rend hommage à Patrick Saint-Éloi, chanteur français originaire de la Guadeloupe qui a grandement contribué à populariser le zouk. Initiateur du «zouk lov», son nom restera attaché au groupe Kassav' auquel il a appartenu. Les textes analysés dans ce recueil sont parmi les plus importants de son répertoire et dénoncent des maux qui minent la société : l'immigration, le racisme, la dépravation des mœurs, la perte des valeurs, le réchauffement climatique, la paresse...
(Coll. Harmattan Cameroun, 17.00 euros, 168 p.)
ISBN : 978-2-343-02244-4, ISBN EBOOK : 978-2-336-36714-9

CHRONOLOGIE APPROFONDIE DE L'AFFAIRE SÉNÉCAL
D.Lara Oruno - Espaces Caraïbes III
Au cours des recherches concernant Léonard Sénécal, il a fallu constituer un axe de références chronologiques qui a été sans cesse enrichi. Cette documentation qui fourmille d'informations inédites vient s'ajouter au corpus de textes publié

par Oruno D. Lara dans Le Dossier SÉNÉCAL (Éditions du CERCAM). Ce dossier complet a été suivi de la publication de l'ouvrage *Le rebelle écartelé. La Guadeloupe au XIXe siècle* (Éditions L'Harmattan, 2013). Ce troisième volume d'Espaces Caraïbes se présente donc comme un complément indispensable aux travaux d'investigation permettant de comprendre Léonard Sénécal et son époque.
(23.00 euros, 218 p.)
ISBN : 978-2-343-04675-4, ISBN EBOOK : 978-2-336-36156-7

MANO (LA) DE ORULA
Etnografía sobre Ifá y la Santería de la Habana
Konen Alain - Proemio de Eusebio Leal Spengler
Prefacio de Philippe Jespers
¿Qué es precisamente un acontecimiento retomado por la mano de un dios y qué es de la técnica de un humano que ha tomado la mano de ese dios? El autor explora esta singular «máquina» de pensar el destino - en el cual queda atrapada la mano del adivino - que es la adivinación Ifá. Propone para eso una descripción detallada de un ciclo ritual que empieza con la vida prenatal de un ser humano y termina con su muerte.
(Coll. Recherches Amériques latines, 46.00 euros, 434 p.)
ISBN : 978-2-343-04773-7, ISBN EBOOK : 978-2-336-36087-4

LETTRES À UN AMI
Propos sur la conjoncture haïtienne
Douyon Frantz
Dans les *Lettres à un ami*, l'ami en question est un être générique s'intéressant à la chose haïtienne, au politique, c'est-à-dire la préoccupation des choses de la cité. Le livre contient quatre chapitres, «Démocratie et Lutte pour le pouvoir», «Développement et Culture», «Insécurité et Force de l'Ordre», «Le Créole, langue identitaire de l'Haïtien». Les «Lettres» esquissent des solutions pour une démocratisation véritable des mœurs politiques du pays dans le respect des droits naturels inaliénables de l'individu institutionnalisés dans un système judiciaire indépendant et crédible.
(13.50 euros, 126 p.)
ISBN : 978-2-343-01792-1, ISBN EBOOK : 978-2-336-35699-0

ESCLAVAGE (L') EST-IL SANS FIN ?
Nouvelles chroniques antillaises
Siganos André
Écrit sans langue de bois, sans parti pris ni complaisance, mais avec une rigueur empathique, cet ouvrage est le viatique indispensable de tous ceux qui veulent vivre ou travailler aux Antilles, comme de tous ceux qui veulent comprendre de quoi se nourrit le malaise identitaire antillais. Éclairées par un séjour de quatre ans aux Antilles, s'inspirant des événements nationaux les plus récents, ces pages détruisent bien des clichés et traversent les préoccupations actuelles.
(19.00 euros, 192 p.)
ISBN : 978-2-343-04251-0, ISBN EBOOK : 978-2-336-35628-0

HAÏTI MYTHE OU RÉALITÉ
Deux cents ans d'indépendance 1804-2004
Bourgeois Michel
Malgré certaines contradictions, Haïti a célébré avec fierté en 2004 le Bicentenaire de son indépendance et son riche héritage révolutionnaire. Cet ouvrage met en parallèle ce passé prestigieux et resté mythique avec des réalités plus complexes quant à l'exercice de libertés si souvent revendiquées... car si durement acquises deux cents ans plus tôt.
(25.00 euros, 238 p.)
ISBN : 978-2-336-30371-0, ISBN EBOOK : 978-2-336-35329-6

MURAT
Une famille de Marie-Galante et son habitation
Nucho-troplent Philippe
Dominique Murat est le premier à tenter sa chance à Marie-Galante où il exploite d'abord une petite caféière. Pendant la Révolution il est président de la République des Douze, qui fit de Marie-Galante l'un des premiers territoires à prononcer l'abolition de l'esclavage, le 19 décembre 1793. Les membres de sa famille ont quitté progressivement les Antilles entre 1835 et 1870. L'auteur suit jusqu'en Toscane cette famille au destin tragique, pendant que l'habitation Murat se fait oublier. Philippe Nucho-Troplent nous la fait redécouvrir et revivre.
(Coll. Rue des écoles, 28.00 euros, 246 p.)
ISBN : 978-2-343-00289-7, ISBN EBOOK : 978-2-296-53525-1

QUEL AVENIR POUR LES MICHEL MORIN ?
Réflexions sur la valeur travail à partir d'un personnage de la société créole
Paquet Marc-Emmanuel
Cet ouvrage a l'ambition de présenter le personnage populaire du Michel Morin, ce «touche à tout» qui a conquis tous les territoires : la France comme le bassin caribéen, la Réunion et ailleurs. Il fut un temps où ses activités polyvalentes en faisaient un travailleur providentiel. Maintenant que nous sommes dans l'ère de la spécialisation et de la responsabilité civile, son statut pose question. Si l'analyse de l'auteur s'est nourrie d'exemples martiniquais, elle ne s'enferme pas dans un espace insulaire.
(17.50 euros, 160 p.)
ISBN : 978-2-343-00282-8, ISBN EBOOK : 978-2-296-53677-7

NATIFS DES DOMS EN MÉTROPOLE
Immigration et intégration
Holder Délina
Ce livre s'attache à montrer les particularités de l'immigration en métropole des populations issues des départements d'outre-mer, dans la dernière décennie du XXe siècle. Il s'agit d'une immigration pour laquelle ne se pose pas la question de la nationalité et de la citoyenneté et qui rencontre toutefois, à travers le racisme et la discrimination, de sérieuses difficultés d'intégration.
(Coll. Logiques sociales, 30.00 euros, 280 p.)
ISBN : 978-2-336-29272-4, ISBN EBOOK : 978-2-296-51653-3

L'HARMATTAN ITALIA
Via Degli Artisti 15; 10124 Torino

L'HARMATTAN HONGRIE
Könyvesbolt ; Kossuth L. u. 14-16
1053 Budapest

L'HARMATTAN KINSHASA
185, avenue Nyangwe
Commune de Lingwala
Kinshasa, R.D. Congo
(00243) 998697603 ou (00243) 999229662

L'HARMATTAN CONGO
67, av. E. P. Lumumba
Bât. – Congo Pharmacie (Bib. Nat.)
BP2874 Brazzaville
harmattan.congo@yahoo.fr

L'HARMATTAN GUINÉE
Almamya Rue KA 028, en face
du restaurant Le Cèdre
OKB agency BP 3470 Conakry
(00224) 657 20 85 08 / 664 28 91 96
harmattanguinee@yahoo.fr

L'HARMATTAN MALI
Rue 73, Porte 536, Niamakoro,
Cité Unicef, Bamako
Tél. 00 (223) 20205724 / +(223) 76378082
poudiougopaul@yahoo.fr
pp.harmattan@gmail.com

L'HARMATTAN CAMEROUN
BP 11486
Face à la SNI, immeuble Don Bosco
Yaoundé
(00237) 99 76 61 66
harmattancam@yahoo.fr

L'HARMATTAN CÔTE D'IVOIRE
Résidence Karl / cité des arts
Abidjan-Cocody 03 BP 1588 Abidjan 03
(00225) 05 77 87 31
etien_nda@yahoo.fr

L'HARMATTAN BURKINA
Penou Achille Some
Ouagadougou
(+226) 70 26 88 27

L'HARMATTAN SÉNÉGAL
10 VDN en face Mermoz, après le pont de Fann
BP 45034 Dakar Fann
33 825 98 58 / 33 860 9858
senharmattan@gmail.com / senlibraire@gmail.com
www.harmattansenegal.com

L'HARMATTAN BÉNIN
ISOR-BENIN
01 BP 359 COTONOU-RP
Quartier Gbèdjromèdé,
Rue Agbélenco, Lot 1247 I
Tél : 00 229 21 32 53 79
christian_dablaka123@yahoo.fr

Achevé d'imprimer par Corlet Numérique - 14110 Condé-sur-Noireau
N° d'Imprimeur : 122823 - Dépôt légal : octobre 2015 - *Imprimé en France*